認知症にならない
暮らし方

本多信博

プラチナ出版

はじめに

　長寿化で〝人生100年時代〟が目前に迫っています。長生きできることは素晴らしいことですが、条件があります。それは最期まで病気になることなく、健康でいられることです。特に現代人が今、最もなりたくない病気が認知症だといわれます。実際、身近な人に聞いてみても、多くの人がそう答えます。とくに高齢者や、その家族にはそうした思いが強いようです。

　認知症に対する一般の人たちのイメージは恐怖感に満ちたものとなっています。その理由は、「認知症は発症原因がまだよくわかっていないため、効果的治療方法が見つかっていない」「発症してしまったら、薬で進行を遅らせることはできるが根本的治療はできない」「いずれ病状が進行すると徘徊や異常行動が始まり、人間性がどんどん破壊されていく」といった認識があるからです。昔の映画ですが、有吉佐和子原作の「恍惚の人」（73年）を見た人は、ボケ老人を演じた森繁久弥の鬼気迫る演技が、強く印象に残っているのではないでしょうか。

　高齢になるほど、身体の機能が衰え、病気になりやすくなることは仕方のないことですが、できることなら認知症には誰もなりたくありません。近年の研究で、認知症は長い間の生活習慣が発症のもとになっていることがわかってきました。なにしろ、認知症はある種のゴミが脳内にたまってしまう病気ですから、同じ生活習慣を続ければ、ゴミの集積も続くわけです。ですから、認知症にならないためには、なるべく早い段階で悪い生活習慣を変える必要があります。

ただし、どのような生活習慣が、どのような年月を経て、どんなきっかけで認知症を引き起こすのかという詳細についてはまだ解明されていません。おそらく、人によって個人差があるためでしょう。その個人差も含め、認知症が発症するメカニズムの解明は今後の研究を待つしかありません。

さて、生活習慣には食生活、運動、飲酒、喫煙などさまざまありますが、わたしたちがどのような家に住んでいるかも立派な生活習慣です。なぜなら、人間が最も長い時間、身を置く場所、それが住まいだからです。むしろ、住まいはすべての生活習慣の源ともいえるでしょう。そこで、そのおおもとの住環境を改善することは、認知症を回避するうえで欠かせない戦略になります。どのような住環境が認知症になりやすく、どのような住宅が認知症を防止するのか――100歳まで健康で認知症にならずに暮らせる家「百歳住宅」が本書で追究するテーマです。

第3章 認知症は住環境で予防できる

第4章

心地よさがすべて
〜認知症にならない住まい最前線〜

第5章 ひとり暮らしは最も危険な因子 ～高齢者単身世代が急増～

第6章

認知症の代表的病名とその症状

第7章 脳科学から見た認知症予防策

第8章 有料老人ホームに見る認知症防止策

第9章 認知症にならないリタイア後の生き方

第10章 働き方改革で変わる〝人生100年〟時代

題字 白石雪妃
装丁・本文デザイン 吉村朋子

第1章

なぜ、認知症だけにはなりたくないのか

長生きしたいのは健康であることが大前提だから

日本は世界一の長寿大国です。平均寿命は男性も女性も80歳を超えています。ただし、健康寿命となると、それよりも10年以上短くなってしまうのが実態です。最期まで心も体も健康でいられてこそ、長寿を祝うことができます。その最大の障害となっているのが、日本では認知症なのです。内閣府の「18年度版高齢者白書」によると、高齢者が〝要介護〟になる原因は、認知症が19％で最も高い割合になっています（**図表1－1**）。以下5位までは脳血管疾患15％、高齢による衰弱14％、骨折・転倒13％、関節疾患10％の順となっています。

図表1－1　介護を招く主な原因

	疾病名	割合
1	認知症	18.70%
2	脳血管疾患	15.10%
3	高齢による衰弱	13.80%
4	骨折・転倒	12.50%
5	関節疾患	10.20%

出典：18 年度版高齢者白書（内閣府）

人間はいずれ誰でも死を迎えますが、せめて最期まで「人の世話にならず、自分らしく生きていたい」との思いは、すべての人の共通した願いでしょう。人間としての尊厳をまっとうしたいと誰でも思います。しかし、認知症は最悪の場合、自分が誰であるかも分からなくなってしまう恐ろしい病気です。認知症は脳の病気ですから自分らしい生き方を貫くためには、いつまでも脳を健康に保たなければなりません。

それなのに日本は認知症患者が急増している

厚生労働省は２０１５年に、団塊世代が後期高齢者（75歳以上）の仲間入りをする２０２５年には認知症患者が約７００万人（15年時点では約５２５万人）を超えるだろうと発表しました。これは高齢者（65歳以上）の５人に１人（20％）が認知症になる計算となります（**図表1－2**）。

この推計のもとになっているのが、日本ではめずらしいのですが、住民の生活

図表1－2　認知症患者数の増大予想

2015年	認知症患者525万人＝65歳以上高齢者の1／4（予備軍400万人）
2025年	認知症患者700万人＝65歳以上高齢者の1／5（予備軍600万人）

厚生労働省調べ

習慣病に関して長年追跡調査を実施している福岡県糟屋郡久山町の研究データです。久山町は人口の年齢構成が日本全体の平均とほぼ同じであることから、1961年に研究がスタートし、もう半世紀以上住民を対象にした健康調査を実施しています。同研究の大きな成果の一つとして、生活習慣病である糖尿病の有病率が認知症の有病率に影響することがわかっています。

認知症患者の急増は、単に高齢者（65歳以上）が増えているからではありません。高齢者の認知症発症率が高くなっているのです。高齢者が認知症になる割合は2012年が15%、2015年が16%、2020年は18%（推計）と明らかに上昇傾向にあります。原因はおそらく、長生きによって生活習慣病の有病率が高まっていることに加え、ひとり暮らしの高齢者が増加していることも関係していることが推測されます。ひとり暮らしをしているとどうしても人と話す機会が少ないため、脳が刺激されず認知症を発症しやすくなることがわかっています。

では、認知症にならない方法はあるのでしょうか。もちろん、あります。「絶対にならない」という保証はないとしても、効果的な予防方法はあります。認知症は脳の神経細胞が損耗することで脳に〝ゴミ〟が溜まり、脳機能が著しく劣化していく病気です。ただ、その発症メカニズムはまだよくわかっていません。ですから積極的に、かつ万全を期して包括的に防止していく姿勢が重要になります。また、最近の研究で認知症は若い時からの生活習慣がその間接的な発症要因になっている（間接的発症因子が体内に積み上がっていく）のではないか、という説が有力になっています。ですから、その予防はなるべく若いときから心がけることがとても重要なのです。

健康とは、脳と体と心が活発であること

我々が長生きしたいと思う前提となっている「健康」とは、脳と体と心が活発であることです。もちろん脳も体の一部ですが、脳の病気と体の病気とは種類が違うように感じます。なにしろ、自分を意識する働きをするのも脳ですから、体のどこかの部位が病気になるのとはタイプが異なります。また、脳には140億個ともいわれる神経細胞が張り巡らされている場所ですから、そのメカニズムの複雑度も特別です。

心は主にストレスというかたちで脳に悪い影響をもたらしますから、認知症を防ぐためには心の健康も欠かせません。心の正体はよくわかっていませんが、高度に発達した脳の特殊な働き（作用）によって生じているものと思われます。

ちなみに、この世には、どんなに科学技術が発達しても永遠に解けない謎が二つあります。一つは、なぜ宇宙は存在しているのかということ。もう一つは、人間の心とは何かということです。もしかしたら、この二つは〝永遠〟というベー

ルの向こう側で、ひそかにつながっているのではないかと、私はひそかに想像しています。

それはともかく、脳の病気にならないための心がけは、他の体の病気とは一応分けて考えるべきでしょう。なかでも、心をすこやかに保ってストレスをなるべく感じないようにすることは脳の病気にならないためのかなり重要な手立てのように感じます。もちろん、体のどこかが悪くなれば脳にも負担をかけるはずですから、脳と体と心はいわば〝三位一体〟です。そして、この三つを健康に保つための秘訣が、実は「人生を楽しむ」ことなのです。

「人生を楽しむ」ことが健康への道

孔子は言いました。「之を知る者は、之を好む者に如かず。之を好む者は、之を楽しむ者に如かず」と。その意味は、何かを知るだけの者は、それを好きだという者にはかなわない。しかし、それが好きだという者も、それを楽しむことができる者にはかなわない。

よく、スポーツ選手が大事な試合に臨んで緊張をほぐすために「○○を楽しんできます」という、あれですね。何かを楽しむことは、「この世における最高レベルの教養」と言った文学者がいました。人生を楽しむ境地に至ることは、それほど簡単なことではありませんが、気持ちを楽にする、困難にぶつかってもどうにかなると考える習慣を身につけることが心身を健康に保つのです。

古代ギリシアの哲学者、アリストテレスも同じようなことを言っています。「本物の音楽家とは音楽を楽しむ人のことであり、本物の政治家とは政治を楽しむ人のことである。そして、楽しむのは能力のある証拠だ」と。

フランスの有名な哲学者アランはこう言いました。「悲観主義は感情からくるもの、楽観主義は意志からくるもの。ただ気分のおもむくままに生きている人はみんな悲しい」。アランは、人は意志と克己心をもって幸せになるのだといいます。幸福になるという強い意志をもてば人生を楽しむことができると教えているのです。そういう、人生を楽しむ（楽観主義）という強い意志をもつことは、脳と心を活発化し、体の他の臓器にもいい影響を与えて、健康になれるということだと思います。

ところで、わたしたち人間の体は、わたしたちの意志とは関係なく勝手に風邪を引いたり、腰痛になったり、腹痛を起こしたりします。わたしたちの体は、わたしたちの意志と必ずしも〝一心同体〟ではありません。考えてみれば、心臓が動いているのも、寝ているときに息をしていることも、わたしたちの意志ではありません。わたしたちの体は、わたしたちの意志とは別に、なんらかの「意図」をもった生命体として、この世に存在しているようにも感じます。ですから、人生を楽しむということは、与えられている命に感謝することから始まります。

「自分らしい」住まい

健康は自分らしい住まいを持つことから生まれます。では、具体的にはそれはどのような家でしょうか。最近の住まいのテレビコマーシャルなどを見ていると、物理的な性能や機能ばかりに力を入れているように感じます。たとえば、断熱性、耐震性、耐久性、あるいは省エネ性などです。タワーマンションなどでは、都心へのアクセスや眺望の良さ、豪華な共用施設、完璧なセキュリティなどがＰＲされます。しかし、住まいにとって本当に大切なものは、そのようなハードや単なる利便性ではなく、それらの先にある生活が〝楽しい生活〟であることです。家族が自然に語り合いたくなる間取りや楽しい雰囲気のリビング、インテリアといったものが備わっていなければなりません。たとえば、玄関を開けるとそこに土間があったり、愛車を引き入れるスペースがあったり。リビングには温かい薪ストーブがあったり、庭につながる大きなウッドデッキがあったり……。

また、こうもいえます。家に帰った瞬間に、我が家らしさ、自分らしさが感じられる家、それが本物の家です。豪華なマンションの中には、ランドスケープやエントランス、ロビーなどの設計を世界的に有名な建築家やデザイナーに担当させ、それを売りにしているものもあります。しかし、たまに泊まるホテルならそれもわかりますが、毎日の暮らしを支える我が家に、超有名デザイナーのセンスを押し付けることには疑問があります。なぜなら、そのデザインが個性的であればあるほど、それはそのデザインを生み出した他人の〈センス〉を日々、押しつけられているともいえるからです。おそらく、そのような家は、そこで生活する人の脳にとっては他人のセンスが〝違和感〟となって、静かなストレスを与え続けるでしょう。

人間が人工物で埋め尽くされた都会でずっと生活していると、「疲れる」のもそのためです。これは解剖学者の養老猛司氏が指摘しているのですが、都会というのは自分以外の他人の脳が作った人工物ばかりですから、一日中そのなかで生活しているということは、他人の脳の中で生活しているということになります。せめて自分の家ぐらいは、自分の脳で設計した空間にしたいものです。一日の仕事を終えて自分の家、中でも自分の部屋に入ると落ち着くのは、そこが自分の脳が作った模様（レイアウトやインテリア）の部屋だからです。

自分らしい住まいに住み、自分の脳がリラックスし、新鮮な感性を呼び覚ますような部屋や庭づくり、趣味として楽しむことの意義がそこにあります。

ひとは他人の脳が作り出した人工物のなかでばかり生活していると、しまいにはそれが自分の脳が作り出したものと思ってしまう危険性があります。そのことに気付かないで生きているうちに、自分の脳の劣化が始まるのかもしれません。なにしろ、真の意味で脳を働かせていないわけですから。

コラム

60歳からの認知症発症率は55%（久山町の研究）

久山町で認知症の追跡調査が始まったのは1985年からです。85年の認知症有病率は高齢者人口（65歳以上）の6・7%でしたが、98年には7・1%、12年には17・0%と急増しています。なかでも注目すべきことは、アルツハイマー型認知症だけが時代とともに増加していることです（図表1－3）。背景には糖尿病の増加があるとみられています。理由は、男性も女性も糖代謝異常の人（40歳以上）が時代とともに増加しているからです。

また、60歳以上で認知症のない人が死亡するまでに認知症を発症する確率を数学的に推計したところ、55%にも達しています。

図表1－3　認知症の病型別有病率の時代的変化
（久山町男女、65歳以上）

アルツハイマー病の有病率のみが時代とともに増加している

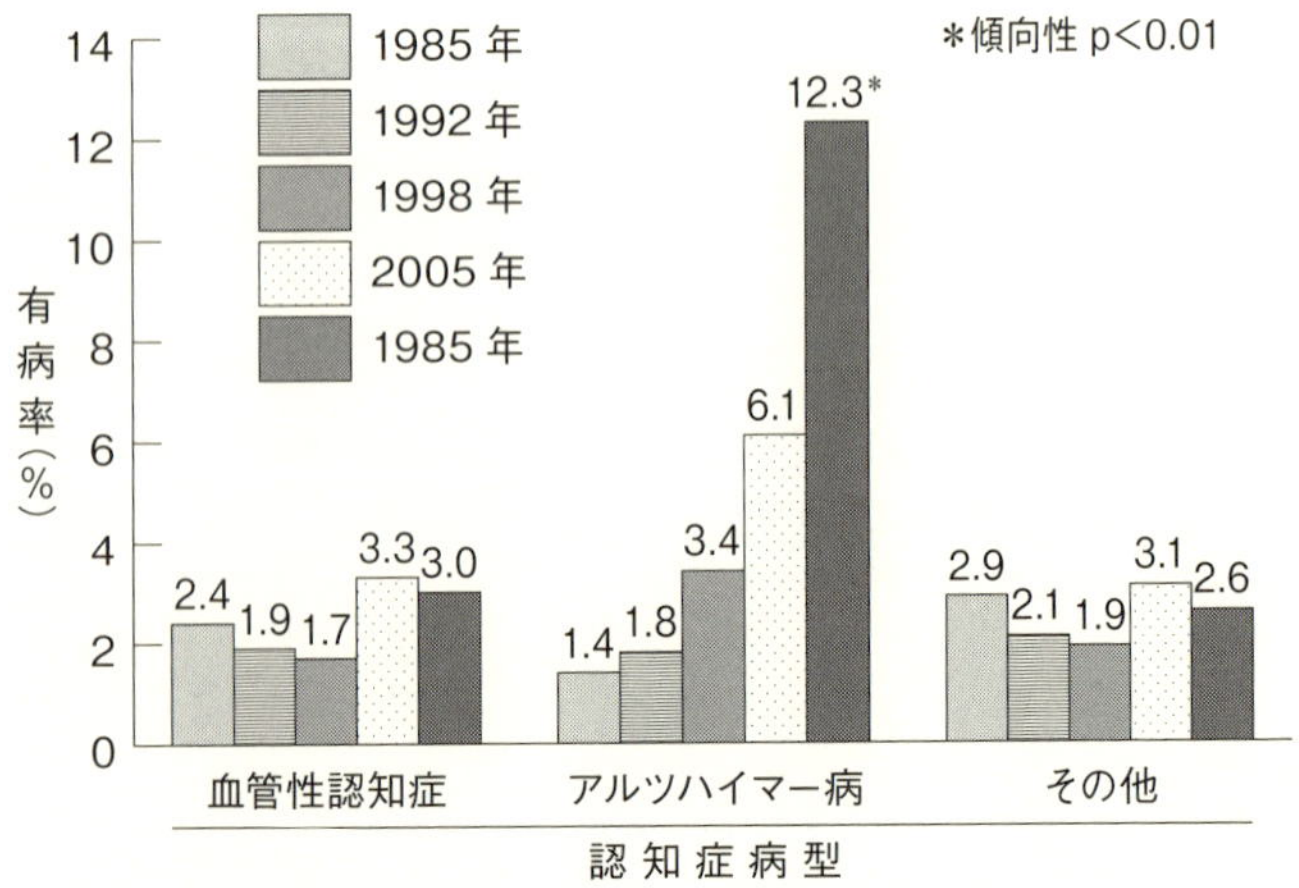

第2章

認知症にならないための基本知識

第1章では、長生きを望む前提は最期まで健康であること。しかし、日本はなぜか認知症患者が急増していて、健康寿命を伸ばす障害になっていること。生活習慣病である認知症を予防するためには、常に脳の活性化を心がけること。そのためには人生を楽しむことが大切であり、自分らしい住まいに住むことが健康の源であることなどを述べました。そこで本章では、認知症にならないようにするための基本的な知識について述べることにします。

認知症（脳の病気）と〝ボケ〟は違う

認知症にならないようにするためには、まず認知症とは何かを知る必要があります。

年をとれば誰にでも起こる「もの忘れ」や昨日のことがすぐには思い出せなかったりすることと、病気としての認知症は別だということです。もの忘れや、言葉がすぐには出てこなかったりする状態がひどくなると、いわゆる〝ボケ〟が出てきたということになります。やっかいなのは認知症の初期症状と、そうしたボケによる状態が最初は専門医でも見分けがつかないぐらい似ているということです。

脳は使わずにいると、どんどんラクを覚えて働かないようになりますから、脳細胞がさびつき始めます。認知症予防で「脳トレ」が流行ったりするのはそのためです。ですから「脳トレ」をことさらしなくても、年をとったら普段から「手・足・口」を動かすようにすれば、脳が自然に活動しさびつくことはありません。普段から足腰を鍛えておけば筋肉が付き、転びにくくなるのと同じ理屈です。

それに対し、認知症というのは、細胞が活動をサボタージュしているのではなく、後天的に脳に障害が起こり、知的機能が徐々に衰えていく病気です。最も有名なのがアルツハイマー病ですが、これは何らかの理由で脳細胞がゆっくりと死滅し始め、脳が萎縮していく恐ろしい病気です。認知症にはこのほか、脳梗塞や脳出血、脳動脈硬化などによって血管が詰まり、一部の細胞が死滅することによって症状を引き起こすタイプもあります。これについては、第6章で詳しく紹介します。

認知症患者が増える要因

厚生労働省は2015年に、団塊世代が後期高齢者（75歳以上）の仲間入りをする2025年には、認知症患者が約700万人（15年時点では約525万人）を超えるだろうと発表しました。これは高齢者（65歳以上）の5人に1人（20％）が認知症になる計算です（**図表2―1**）。認知症はかつて「痴呆症」と呼ばれていました。つまり、認知症としてはっきり病気として認定されるまでは、単なる「呆け（ボケ）」症状との区別があいまいだったともいえます。

それにしても、認知症はなぜこんなにも増えているのでしょうか。一つの有力な説があります。それは、日本で認知症（明確な脳の病気）と診断される患者が急増しているのは、血圧を下げる薬が大量に摂取されるようになったからだというのです。特に最近は「130を超えると高血圧」というTVコマーシャルもあり、すぐに薬を飲む高齢者が増えているのですが、血圧を薬で下げることで脳の血流が下がってしまい、それが認知症につながることは当然考えられます。血圧

図表2－1　増える認知症患者

年	平成 24 年（2012）	平成 27 年（2015）	令和 2 年（2020）	令和 7 年（2025）
各年齢の認知症有病率が一定の場合の将来推計 人数／（率）	462 万人 15.00%	517 万人 15.70%	602 万人 17.20%	675 万人 19.00%
各年齢の認知症有病率が上昇する場合の将来推計 人数／（率）		525 万人 16.00%	631 万人 18.00%	730 万人 20.60%

年	令和 12 年（2030）	令和 22 年（2040）	令和 32 年（2050）	令和 42 年（2060）
各年齢の認知症有病率が一定の場合の将来推計 人数／（率）	744 万人 20.80%	802 万人 21.40%	797 万人 21.80%	850 万人 25.30%
各年齢の認知症有病率が上昇する場合の将来推計 人数／（率）	830 万人 23.20%	953 万人 25.40%	1016 万人 27.80%	1154 万人 34.30%

「日本における認知症の高齢者人口の推計に関する研究」（平成 26 年度厚生労働科学研究費補助金特別研究事業　九州大学二宮教授）による速報値より

には個人差があり、ある程度までは必要があって体が自ら血圧を上げているという解釈も忘れてはならないでしょう。

また、日本では核家族化と長寿化で高齢者のひとり暮らしが増えていることが、認知症を誘発している可能性もあります。ひとり暮らしになれば他者との会話も少なくなり、認知症を誘発しやすいのです。これについては、あとで詳しく述べますが、単身高齢者は2035年には760万人を突破する（うち男性260万人）と推計されています。

このままでは介護給付費の増大（00年3・6兆円→15年10・1兆円→16年10・4兆円）で、日本の介護保険制度は、崩壊必然ともいわれています。そうならないためには、増え続ける単身高齢者が認知症になるのをなんとしてでも防がなければなりません。

食事は長い生活習慣

「あなたの体は、あなたが食べたものでつくられている」というTVコマーシャルがありましたが、まさにそのとおりでしょう。食事内容には大いに気を使う必要があります。認知症の原因は長い間の生活習慣にあると述べましたが、考えてみると睡眠と食事ほど日常的におこなっている生活習慣はありません。しかも食事は1日3回、さまざまな食べ物を体が摂取するわけですから、そこに認知症を予防する秘けつがあるのであれば、それを使わない手はないと思います。

たとえばインド人には認知症が少ないそうです。カレーに含まれるターメリックの成分であるクルクミンがアルツハイマー病の原因であるアミロイドβの蓄積を防止するという研究報告があるのです。あるいは魚油のDHAやEPAなども認知症の予防に効果があるといわれています。野菜や果物が認知症予防に効果があるという報告もあります。スウェーデンの双生児研究所によればフルーツと野菜の摂取量が多いほど認知症とアルツハイマー病のリスクが低くなるそうです。

ほかにも、認知症予防に効果があるといわれている食べ物や栄養素の研究はいろいろありますが、住居との関係でいえば、そうした脳にいい効果をもたらす食材を楽しく料理できるキッチンがあるということも重要です。日本の住居は築年が古いものほど、キッチンが北向きで暗く寒い場所に設置されていることが多いようです。キッチンを明るくし、対面型あるいはアイルランド型にすることで、料理に対する意欲が湧いてきます。また、料理をしながら家族や招いた友人らと楽しく会話することが脳の活性化につながります。つまり、最大の生活習慣である食事や料理環境を、いかに明るく楽しいものするかは、認知症予防のうえで極めて重要なポイントになるのです。

脳の運動が認知症予防の基本

生活習慣病の防止策として必ずいわれるのが「適度な運動」ですが、認知症の防止策は脳に運動させることが基本となります。脳に運動をさせるためには、「手・

足・口」を動かすことです。つまり、体だけでなく口も動かすことです。人と話をするということです。定年退職をして家にいることが多くなり、人と話す機会がなくなると認知症になりやすいといわれます。ですから、人と話す機会が少ないひとり暮らしの高齢者が増えると、認知症患者が増える可能性があるわけです。

ひとり暮らしになったら、なるべく人との会話が生まれるように行動することが認知症防止につながります。自宅を思い切って改造し、近所の人が気軽に立ち寄れるようなスペースを設けることもいいことです。

固定化しやすい住まいという環境

日本では40代前半で50％以上の人が持ち家に住んでいます（図表2－2）。マイホームを持つと一生住み続けることが多い日本では、その家が持っているさまざまな要素が長い年月を通じて住み手の〝生活習慣〟となっていきます。ですから、どのような家に、どのような環境で暮らしているかが、住み手が認知症を含むさまざまな病気になるかならないかの極めて重要なファクターになるといわれています。日本では考えられませんが、米国の医師は最初に患者がどんな家に住んでいるのかを聞くそうです。

それぐらい住まいはさまざまな面から住み手の身体や精神面に影響を与えます。しかも、住まいという住環境は固定化しやすいのです。逆にいえば、毎日の生活の基盤である住まいの環境を改善することで、認知症も予防することができると考えられるようになってきました。ちなみに日本のがん治療は日進月歩で、がんの治癒率は確実に高まっていますが、再

図表2−2　年齢別持ち家世帯率

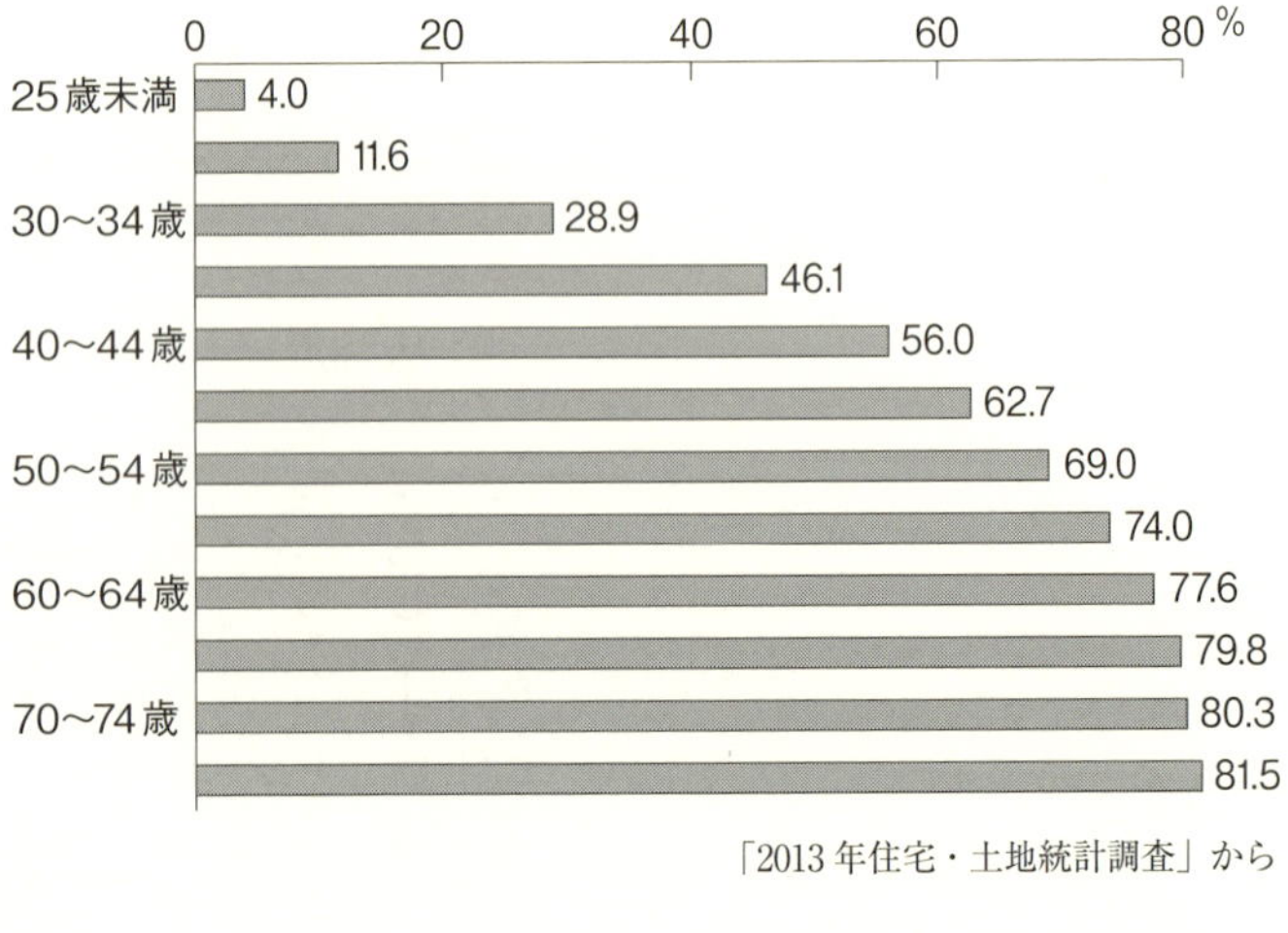

「2013年住宅・土地統計調査」から

発率はなぜか昔とあまり変わっていないそうです。その理由は、手術が成功してせっかく退院しても、また同じ環境の家に戻ってしまうからではないかと推測されています。あとで述べますが、大手不動産会社やハウスメーカーでは最近、「どんな住まいで、どのような暮らし方をすれば認知症を予防できるのか」という研究を始めています。その際、基本的な考え方として、「体を動かしやすい設計や間取りであること」「平坦なだけでなく、家の中に段差もあること」「外に開かれた設計になっていて、季節の変化が感じられること」などを重要なチェックポイントにしています。これらはいずれも、脳に日常的に刺激を与え、脳を働かせるために必要な工夫だからです。

とくにリタイア後は要注意

生活習慣が認知症の原因であることは確かですが、長い生活習慣で積み上がった危険因子が脳内にあったとしても、それで必ず認知症になると決まっているわけではありません。高齢になって発症した他の病気や、生活の変化など、なんらかの原因があって、それが認知症発症のスイッチの役目を果たすのではないかという説が有力です。ということは、やはり60歳を過ぎたころからの生活行動に注意を向け、最終的スイッチを入れさせないことが重要になります。

たとえば、リタイア後にどんな生活を送っているか。外にも出掛けず、一人で家に閉じこもってばかりいるような生活がいちばん危険です。逆に、第二の人生をスタートとさせるという意気込みで新しい生活計画を立て、自宅をリフォームしたり、自分の趣味の部屋を設けるなど、意欲的なセカンドライフを送っていれば安心です。あるいは駅前のマンションに住み替えるとか、子世帯と同居を始めたとか、そういう新しい生活環境が脳に適度の刺激を与え、活性化させます。

ただ、そのときに気をつけなくてはいけないのが、新しい生活環境や、新しく始めた行動がストレスになるようでは逆効果です。あくまでも、心をわくわくさせるようなチャレンジでなければなりません。それらが脳にとって快い刺激であることが絶対条件です。リタイアを機に地域のコミュニティ活動に積極的に参加し始める人もいますが、それを義務のように感じているのであれば、無理をする必要はありません。自分が楽しめることだけをすればいいのです。

生活習慣病患者は認知症になりやすい

85歳以上になると、認知症になる割合は30%以上といわれますが、これは他の病気と比べると異常に高い数値です。こんなに多くの人がかかる認知症は、「本当に病気?」と疑問さえ抱きたくなります。ただ、短期的記憶がなくなるのは年をとれば誰にでも起こることですが、散歩をしていて突然自分がどこにいるのかわからなくなったりするのは、やはり単に〝老いた〟ことによる現象とはいえないでしょう。また、日本では高齢者の単身世帯(ひとり暮らし)が増えていますので、それが認知症の発症に関係しているとすれば、近年の急増ぶりもうなずけます。

どこまでが〝ボケ〟で、どこからが認知症なのかはともかく、認知症の研究が進んでいることは確かです。肝心の発症原因についてはまだよくわかっていませんが（それが効果的な治療方法が見つかっていない理由です）、世界各国のさまざまな追跡調査によれば、長年の生活習慣（喫煙、飲酒、運動不足、ストレスなど）が認知症の遠因になっていることが証明されつつあります。つまり、生活習慣病と診断された人は認知症になりやすいのです。生活習慣病は毎日のよくない生活習慣が原因となっている病気で、高血圧、糖尿病、脂質異常症、心臓病などが代表的です。フィンランドの調査では、高血圧や高コレステロール血症の人は、そうでない人に比べてアルツハイマー型認知症の発症率が2倍も高かったという報告があります。

認知症防止に有効な散歩の拠点づくり

リタイア後の生活習慣病を防止するために有効なのが〝散歩〟です。その意味で、これからは高齢者が散歩しやすい、あるいは散歩したくなるような街づくりが欠かせません。
最近は、空き家や空き店舗を活用した地域のコミュニティ拠点をよく見かけま

写真2−1　高齢者のためのコミュニティ拠点
（千葉県船橋市）

写真2−2　笑恵館（東京都世田谷区）

す（**写真2－1**）。ひとり暮らしの高齢者が何をするわけでもなく、気軽に立ち寄っておしゃべりをする場として大きな役割を果たしつつあります。そうした〝サロン〟作りを専門に行っているNPO法人も増えています。

東京・世田谷にある「笑恵館」（**写真2－2**）は、ひとり暮らしになった高齢者がNPO法人の力を借りて、自宅の1階部分をそのようなコミュニティ拠点に改造しました。オーナーは2階に居住していますが、1階は地域の人たちが自由に集えるスペースとして開放しています。オーナーは「ここで地域の人たちとゆるやかにつながりながら、ずっと楽しく暮らしていきたい」と話しています。

このように、ひとり暮らしになったのを機に自宅（戸建て住宅）の一部を地域のコミュニティ拠点として解放し、地域の人たちとのつながりを感じながら暮らすことは高齢者にとってもとてもいいことです。何もせず、ただの独居老人として暮らしていると、いずれは社会に支えてもらう側の立場になってしまいますが、自宅を地域に解放し、いろいろな人の役に立つことで自ら生きがいを見出し、いつのまにか地域を支える立場になることも可能だからです。

コラム

生のコーヒー豆で予防

鳥取大学医学部の浦上克哉教授は、『認知症　よい対応わるい対応』（日本評論社）という著書の中で、生のコーヒー豆に含まれるトリゴネリンという成分が認知症の予防にも、治療にも効果があることがわかったとしています。同書にはこう書かれています。

「私はこのトリゴネリンを含んだコーヒーを入手し、認知症予防教室の参加者に飲んでもらったところ、注目すべき結果が得られました。少数の七例で実施しましたが、そのうちの六例に改善が見られ、（中略）中でも驚いたのは、『頭がすっきりした』という意見が多いことです。認知症のごく初期の人に治療薬を投与したとき、改善を自覚するイメージを聞いたことがありますが、その感想と同じです。『頭に霧がかかってもやもやしていたのが、スーッと晴れました』といわれたのです」

トリゴネリンをたっぷり含む「トリゴネコーヒー」という商品は、鳥取県境港市に本社がある澤井珈琲という会社が開発したそうです。「一杯のコーヒーを楽しみながら、頭がすっきりしたり、笑いが増えて認知症が予防できたら、一挙両得こんないいいことはありません」と浦上教授はコーヒー効果を推奨しています。

第3章

認知症は住環境で予防できる

五感を研ぎ澄ます家にする

住まいは、そこに住む人の五感を研ぎ澄ますものであることが大切です。特に、リタイアして家に居る時間が長くなる高齢者にとっては、常に脳を活性化する刺激が五感を通じて伝わってくる仕掛けが必要です。窓から差し込む日の光にあふれ、鳥のさえずりが聞こえてくるような環境が望ましいのです。なぜなら、それが四季を感じさせ、脳をリフレッシュさせるからです。日が差すことが少なく、窓を開ければ朝から自動車が通る音しか聞こえないような環境は避けるべきです。

理想的には1日中家の中に居ても、太陽の位置が感じられ、窓を開けると樹木や草花の匂いが忍びこんでくるような家です。特に重要なのが、長い時間を過ごすリビングや居室から眺めることができる自然が窓の向こうにあることです（**写真3－1**）。四季によって変化する庭の佇まいがあれば最高ですが、隣の家の樹木が揺れている光景でもいいのです。たとえ坪庭のように狭い庭であっても、家の中に居ながらにして、そこに四季を感じることができ、注意深く観察すればそこで息づく植物についてなにか新しい発見ができるような家であれば、五感が研ぎ澄まされていきます。

認知症は脳の病気ですから、五感を通じ脳細胞に常に心地よい刺激を与えることが予防につながります。反対に五感を通じて入ってくる心地よい刺激が少ない家は、感性を衰えさせ、生きる意欲や感動を奪ってしまいます。日当たりの悪い家、常にカビなどのいやな臭いがする家、窓からは隣の家の壁しか見えないような家に住んでいたら五感を研ぎ澄ますことはできません。

写真3−1　長い時間を過ごすリビングには脳を心地よく刺激する工夫が必要（イメージ）

無垢材を使用した「木の家」の効能

住まいはストレスの多い現代社会にあって、現代人が唯一心を落ち着かせることができる〝癒やし〟の空間としての役割が重要になってきています。そこで注目されているのが近年の〝木の家〟ブームです（**写真3－2**）。

木の家にはさまざまな健康効果があるといわれています。木のいい香りを嗅ぐと、脳内にアルファ波が発生し、精神が安定します。高血圧が下がり、脈拍も落ち着き、気持ちが安らぎます。これは木の香り成分である「フィトンチッド」という揮発性物質の作用といわれています。森林浴という言葉がありますが、森の中に入ると爽快な気分になるのもこの「フィトンチッド」による効果といわれています。

木の香りは気持ちをリラックスさせるだけでなく、起きているときは脳の集中力を高めます。また就寝時にアロマテラピーとして嗅ぐと不眠を解消し、快適な睡眠を得ることができます。人間の五感の中でも嗅覚が最も速く脳に伝達されます。その速さと関係しているのかどうかはわかりませんが、わずかな香りを嗅いだだけで、遠い昔の子どものころの記憶がよみがえることがあります。それぐらい、香りが脳に与える刺激は強いのだと思います。

いい香りを放つのは、葉が針のようにとがった針葉樹です。ヒノキ、ヒバ、スギ、マツなどがその代表です。なかでもヒノキは人気があります。ヒノキが放つ香りを嗅ぐと、心がリラックスしたときに発生する脳波のアルファ波が促進されることがわかっています。

写真3−2　心を落ち着かせることができる「木の家」がブームに
（一般社団法人「木のいえ一番振興協会」提供）

ヒノキ風呂に入ると疲れが取れ、なんとも言えないいい気分になるのは、そのためです。ヒノキにしてもヒバにしても、無垢材でなければ意味がありません。昔の家は合板や集成材ではなく、無垢材で建てられていましたから、新築されたばかりの家に入ると、新鮮な香りが充満していました。

ヒバ材は殺虫効果が高いことでも知られています。なかでも青森ヒバは抗菌力、殺虫力が強いため、青森では家の土台に使われることが多いと聞きます。木の匂い成分には悪臭を消す脱臭効果、防カビ、防ダニ効果もありますから、健康という観点からは理想的な住まいとなります。このため、最近は鉄筋コンクリート造りのマンションでも、室内の内装に無垢材を活用するケースが徐々に増えてきました。

依然残るシックハウスの危険

健康住宅の対極にあるのがシックハウス症候群です。これは建材や家具などに使われる接着剤や塗料から発する揮発性有機化合物が原因で頭痛やめまい、ぜんそく、アレルギーなどを引き起こすことをいいます。なかでも接着剤から出るホルムアルデヒド、トルエン、キシレンなどがその代表で、法律によりその放出量が一定以下の建材しか使用できないことになっています。

しかし、放出がまったくゼロということではないので、住む人の体質によってはシックハウスになってしまうこともあるのです。ハウスメーカーが使う部材はだいぶ改善されてきていますが、ホームセンターなどで売られている部材の中には、まだまだ有害物質が多く含まれているものがありますので、ＤＩＹで使うときは注意が必要です。ヒノキやヒバなどいい香りを放つ無垢材にはこうしたホルムアルデヒドなどの有害物質を吸収、除去する働きがあることもわかっています。

発足した「木のいえ一番振興協会」

国民にこうした木の家の魅力を伝えるため、２０１６年4月に一般社団法人「木のいえ一番振興協会」が設立されました。同年11月16日に開かれたフォーラムでは、家具デザイナーとして名高い小泉誠氏が、人が木をやさしい素材と感じる理由について、こう語っています。

「人と木は年齢がほぼ同じです。木も60～80年で大樹になりますよね。石は石になるのに２００万年かかるそうです。また、石や鉄と違って、木は人間の手作業で仕事ができますから生命体としての親和感が高いのです」

マウスの子を使った有名な実験があります。木、鉄、コンクリートでつくった3種類の飼育箱を用意し、23日間経過後の生存率を比べたら、木箱は85%、鉄は41%、コンクリートは7%だったそうです。人間に限らず生命体にとっては、木がいちばん体に適したやさしい環境といえるのではないでしょうか。

ワクワクすることの大切さ

「ワクワクする、あるいはときめきがなければ健康な家とはいえない」と語るのは、一般社団法人日本建築医学協会理事長の松永修岳氏です。同理事長は「建築医学」についてこう説明しています。

「建築医学における中心テーマは、住環境・職場環境を改善することで、積極的に病気を予防することです。心と脳と身体と環境のつながりを解き明かし、住環境や職場環境を変えることで積極的に脳を整え、活性化させ刺激を与える住環境をつくるための技術体系が建築医学です」

つまり、建築医学は住宅や職場といった、人が多くの時間を過ごす「空間環境」に注目した新しい医療です。ちなみに、その研究理念は以下のとおりです。

ア　環境が人の心をつくり、心が脳をつくる
イ　心地良い住環境や職場環境は安定した心をつくり、その心が健康をつくる
ウ　乱れた環境は心を乱し、脳を混乱させ、身体は病気に向かう

心の最高の状態はワクワクときめくことですから、喜びや楽しさを与えてくれる住環境こそ最高ということになります。松永理事長はこうも言います。

「食事は楽しいことの一つですが、食事をする場所、環境が悪ければあまり楽しめません。反対に明るいダイニングルームで、みんなで楽しく食べれば心がときめき、脳を活性化させるでしょう」

「住む」より、「楽しむ」を実践

ログハウスなど自然材をふんだんに使った個性的な木の家を提供しているアールシーコア（東京・渋谷、二木浩三社長）は、〝『住む』より、『楽しむ』〟をブランド・スローガンにしているユニークな会社です。商品の多くは、玄関の扉を開けると、すぐにリビングルームがあったり、土間だったり。家の外には広いウッドデッキがあって、家の内と外をひとつながりにして、暮らしを楽しむオープンマインドが息づいています（**写真3－3**）。

また、無垢材ならではの趣や風情、とくに経年とともに味わいを増していくことも住む人にとっての大きな楽しみと捉えています。メンテナンスに手間をかけて、住まいに愛情を注いでいく。その過程が普通の家ではあまり味わえないときめきをもたらしてくれる家です。

同社は1986年の創業で、丸太組みのログハウスからスタートしました。最初は別荘の注文がほとんどだったそうです。しかし、大自然の中での暮らしのお手伝いをしているうちに、都会でももっと楽しく暮らせる方法があるのではないかと考え、普通の自宅向けに無垢材をふ

写真3−3　住まいは暮らしを楽しむための道具と考えるアールシーコアの家

んだんに使った自然派住宅を提供するようになりました。

最新の設備による利便性や機能性など、モノ的満足を求めるのではなく、こころの充足、遊び心やときめきを求める家づくりを進めています。いまでは、自宅としての注文が95％になっているそうです。機能性や設備で家を選ぶのではなく、好きか嫌いかで選ぶ〝感性マーケット〟を追求しています。

同社の二木浩三社長は第1章でも紹介した孔子の次の言葉（論語）を好んで引用します。

「これを知る者は、これを好む者にしかず、これを好む者は、これを楽しむ者にしかず」

その意味は「あることを知っているだけの人は、それを好きになった人には勝てない、しかし、それを好きになった人も、それを楽しんでいる人には勝てない」というものでしたが、この現代語訳の、「人」のところに「脳」を入れてみてください。楽しんでいる脳こそが最強というわけです。

日本のことわざには「好きこそ、ものの上手なれ」というのがありますが、さすが孔子はその上を見抜いていたということでしょうか。孔子は今から2500年以上も前の中国の思想家ですが、人間にとって「楽しむ」ことの素晴らしさを見抜いていたことに感服します。

疾病原因の半分は住宅環境

看護師から独学で一級建築士になり、マンションや病院建築を手がけている㈱ドムスデザイン社長の戸倉蓉子氏は講演で、よくこんな話をします。

「住宅というハコが住む人の生活習慣に大きく関係しています。ナイチンゲールは今から150年も前に、『看護覚書』の中で、疾病原因の半分は住宅環境にあると指摘しています」

戸倉氏は人間が健康になる家づくりには3つのポイントがあるといいます。同氏はナースとして慶応義塾大学病院に勤務した経験もあるだけに、それらの指摘には説得力があります。

一つ目は「光と風」。

陽光や換気のないところには、カビが発生しやすく、〝気〟の停滞が起こる。その結果、呼吸器疾患、がん、うつ病などを発症しやすくなる。

二つ目は「味気のない家から、感性の育つ家へ」。

殺風景な環境は子どもの心が育たないので、情感豊かな人間に成長しない。高齢者の場合には脳の退化が進みやすいので認知症になりやすい。風の匂い、植物の音、水の触感、穏やかな光に満ちた庭園があることが大切（**写真3－4**）。

三つ目は、なんと「色気」。

写真3−4　穏やかな光に満ちた庭園（イメージ）

戸倉氏は言います。

「イタリアの高齢者住宅で、日本のように昼間からパジャマで過ごす人はいません。女性は必ず口紅をぬり、いくつになっても色気を失いません。家では、必ず全身が映る鏡を玄関に掛け、外出するときは男性も女性もおしゃれをして出掛けます。それが若さと健康を保つ秘訣とわかっているからです」

つまり、常に色気を保っておしゃれをしたくなるような家であることが、健康を維持する秘訣ということになります。

脳血管性認知症を引き起こしやすい「ヒートショック」

認知症の種類については第6章で述べますが、その一つに「脳血管性認知症」があります。

脳梗塞や、くも膜下出血などによって脳の血管が詰まったり、出血することで脳の細胞に酸素が送られなくなり、神経細胞が死んでしまうために発症する認知症です。発症原因別ではアルツハイマー型に次いで2番目の多さです。

この脳血管性認知症を引き起こしやすいのが「ヒートショック」です。ヒートショックは浴室などの温かい空間から、いきなり温度の低い空間に移動したときに起こる現象で、脳出血、脳梗塞を起こしますから、「脳血管性認知症」の発症原因になりやすいのです。ヒートショックで高齢者が亡くなる件数は年間になんと6000〜7000件にもなります。日本の古い家の中には断熱性が不十分なため部屋によって温度差の激しい家が数多くあります。本書は「認知症にならない家」がテーマですが、そのためにも断熱性を強めるなどしてヒートショックを引き起こさない家に住むことが基本的対応となります。

ヒートショックが多い日本の住宅(国土交通省が調査報告)

ところで、日本は高血圧患者が多いのですが、住宅を断熱化することで、高血圧を防止することができます。国土交通省は2017年1月、「スマートウェルネス住宅等推進事業」の一環として実施している「住宅の断熱化と居住者の健康への影響に関する調査」について中間報告を行いました。それによると、断熱改修により、家の中の室温が暖かく保たれると、高齢者の血圧が低く保たれる傾向があることがわかったとしています。

調査期間は2014年度から2017年度までの4年間で現在も継続中です。断熱改修を予定している全国1800軒の住宅と、その居住者約3600人を対象としています。調査内容としては、家の改修前後における居住者の血圧や生活習慣、身体活動量などへの影響を検証しています。冬の間の2週間調査し、調査対象者の平均年齢は57歳です。

結果として、次のようなことが確認されました。

①冬季に起床時の室温が低いほど、血圧が高くなる傾向がある
②高齢になるほど、室温と血圧との関連が強い
③断熱改修によって室温が上昇すると、それに伴い居住者の血圧が低下する傾向がある
④居間や脱衣所の室温が18度未満だと、42度以上の熱めの湯温で入浴する傾向があり、その結果脱衣所などとの温度の差が大きくなり、ヒートショックなど入浴時事故のリスクが高くなる

つまり、家の中の室温を常に18度以上に保つことが、高齢者の血圧上昇を防ぎ、血管性認知症を防止することにつながります。

コラム

一輪の花が転機に

㈱ドムスデザイン社長の戸倉蓉子氏は病院勤務時代に白血病の小学校5年生の少女を担当したことがありました。闘病の苦しさからなかなか笑顔を見せてくれませんでしたが、ある日ベッドサイドに一輪のガーベラの花を飾ると、それを見ていた少女が「看護師さん、ありがとう」と初めて笑顔を見せてくれたのです。そのとき、彼女は気づいたといいます。

「患者さんが一輪の花から生きる勇気をもらうように、病院には生きよう、治ろうという気持ちにさせる何かが必要なのだ」と。

このときの体験が〝彼女にナースを辞め、インテリアの世界に飛び込ませました。彼女は一流のデザインを学ぶため、イタリアに留学しました。

「イタリアの街には、心豊かに上質な毎日を過ごすためのヒントがあふれていました」

帰国した彼女は、女性だけのデザイン事務所を設立。以来、〝建物に元気を与える〟をコンセプトに、病気にならない建築デザインに情熱を注ぎ続けています（ドムスデザインホームページより）。

第4章

心地よさがすべて
～認知症にならない住まい最前線～

大和ハウス工業が新提案

大和ハウス工業は2019年1月、〝森が家〟をコンセプトにした新たな木造3階建て住宅を開発したと発表しました。森の中で暮らしているような安らぎを得ることでストレスを解消し、生涯健康で「人生100年時代」を謳歌してもらいたいという願いを込めた住まいです。開発にあたっては「森の部屋」と「都市の部屋」を再現して、それぞれの部屋にいる間の脳波を分析する実証実験も行っています。実験には首都圏在住の男女20人が参加しました。その結果、人は森の中にいるような環境に身を置くとストレスが約14％低減し、情報処理能力も13％向上することがわかりました。

これらの実験成果を踏まえ、東京の品川シーサイド展示場に2019年1月に誕生したモデルハウスは、緑視率10％以上の植栽を施して、リビングの中央には疑似暖炉を配置して火のゆらぎが体感できるようにしました。寝室には都市では失われた森や川の音を聴きながら眠りにつくことができる音響システムを備えています。つまり、家の中に〝五感のゆらぎ〟が生まれる仕組みになっています。

では人間はなぜ、都市にいると疲れるのでしょうか。大和ハウス工業が開発に際し協力を依頼した予防医学博士の石川善樹氏は「人工物に囲まれた都市では単調な刺激にあふれているからだ」と指摘します。夜遅くまで煌々と照らすLEDライト、空調により一定に保たれた部屋の中の温度など、要するに都市には森の中のような〝五感のゆらぎ〟がないから、長年自然の中で暮らしてきた人間にとっては緊張を招き、ストレスが溜まっていくことになります（**写真4−1**）。

写真4−1　森の中にいると五感のゆらぎが人を癒す

注目すべき点は、〝森の中〟はストレス低減効果だけでなく、情報処理能力も高まるということです。それならば、仕事も都会のオフィスではなく、〝五感のゆらぎ〟がある自宅や、自然豊かな田舎の職場（サテライトオフィス）でしたほうが効率が上がることになります。「働き方改革」で、自宅勤務やテレワーク、コワーキングスペースなどの活用が推奨され始めているのもうなずけます。このことについては、最終章の「働き方改革」のところで触れたいと思います。

積水化学工業が病気にならない家を研究

積水化学工業住宅カンパニー（セキスイハイム）の調査研究機関である住環境研究所（東京・神田）は2016年8月に、「生涯健康脳住宅研究所」を開設しました。東北大学加齢医学研究所などと連携して、脳の育成・活性化と、住まいや暮らし方との関係を研究する機関です。

具体的には、健康な脳を維持するために、「睡眠」「運動」「コミュニケーション」「食事」という4つの機能に注目しています。同じく連携している江戸川大学睡眠研究所の福田一彦教授は、「よい睡眠がとれるかどうかは、住宅の構造や機能によって大きく変わる可能性があります。在宅時間のうち、最も長い活動が睡眠です。住宅はこれまで覚醒中の暮らしを中心に考えられてきましたが、健康維持の観点からは、光環境など睡眠に注目した住宅を開発する必要があります」と興味深い指摘をしています。

この健康脳研究所の嘉規智織所長は、「寝る2時間前に過ごす部屋の照度を50ルクス以下にすると快適な眠りが得られます。ですから、リビングや寝室の照明器具を調光可能なものにしておく必要があります」と話しています。２０１５年に住環境研究所が行った実験では、就寝前の照明条件を右記のように調整したグループ（12人）は、調整しなかったグループ（11人）に比べ、入眠・起床時刻共に早かったということです。

住環境研究所と生涯健康脳住宅研究所は19年3月、「睡眠状況に関する実態調査」について発表しました。調査結果の主なポイントは以下のとおりです。

①睡眠に対しては中年層（30〜50代）の4割がなんらかの不満を持っていて、
　その人たちの9割以上が睡眠不足を感じている
②眠りの問題は日常生活の乱れが要因であること
③音・温熱環境も睡眠に対する不満の一因になっていること

生涯健康脳住宅研究所は今後、睡眠だけでなく、残る3項目（コミュニケーション、食事、運動）を合わせた「話・食・動・眠」（わしょくどうみん）をコンセプトに、健康な脳と住まいとの関係性を研究していくことにしています。研究期間は2年程度を想定していて、その研究成果は同社の新築住宅やリフォーム、サービス付き高齢者向け住宅（サ高住）などに生かしていくとのことです。

嘉規氏は、「〝健康脳〟という以上、認知症予防が主な目標になっていくと思います。これまでにも高齢化社会における住宅のあり方などについては研究してきましたが、急速な高齢化の進展にともない、住まいの課題の重点が〝対応から予防へ〟と変化しているのではないでしょうか」と語っています。同研究所の今後の研究成果が楽しみです。

いいコミュニケーションと悪いコミュニケーション

ひとり暮らしの高齢者は、家族と暮らしている高齢者に比べ、認知症になりやすいことがわかっています。その原因はコミュニケーション不足による、脳活動の停滞にあるといわれています。ただし、大事なことはそれが〝いいコミュニケーション〟でなければ意味がないということです。

こんな報告もあります。いったん認知症を発症したあとの経過では、「ひとり暮らしの認知症患者のほうが、家族と一緒に暮らしているケースよりも認知症の進行が緩やかになる」というものです。その理由としては、一緒に家族と住んでいると、いろいろと注意されたり、迷惑がられたりすることで、それが本人にとってはストレスや精神的不安を増大させ、認知症の進行を早めてしまうということです。

つまり、認知症予防においても、発症後の進行を抑える意味でも、〝いいコミュニケーション〟が必要だということです。いいコミュニケーションというのは、それが家族であれ、友人同士であれ、心が安らぎ、楽しく、胸躍る会話のことです。そうした楽しい会話にあふれた家が、認知症にならない家であるための重要な条件の一つになります。

楽しい会話は食事から

医者で食育の専門家でもある渡邊昌氏は、あるシンポジウムのパネルディスカッションでこう語りました。

「3歳までの食育が一生の健康に関係しています。幼いころに、家族そろって和気あいあいと食べる楽しい食事をしていたか、それとも一人で寂しく食べていたかが、その子の情緒的・情動的成育に大きな影響をもたらし、成人してからの病気の予防と未病に大きく作用します」

現代社会は共働き世帯が普通になり、個人の行動パターンが優先されるなど、家族がそろって食事をとる環境が家庭内から失われつつあります。しかし、食事は楽しい会話が生まれる希少な時間です。家族全員が温かい雰囲気で食事をする習慣をもつことは、子どもにとっても、親にとっても、そして、もし同居している祖父母がいれば、祖父母の認知症防止のためにもとてもいいことなのです。

モノが片付いていない家は脳に悪い

収納スペースが少なくて、家中がモノであふれている家は心や脳に悪い影響を与えるといわれています。家族と暮らす家の中がモノであふれ、収拾がつかなくなっているということは、家族同士の交流がうまくいっていないことの証明でもあり、そこからは目には見えない〝いらいら〟がつねに生じています。自分の部屋だけが整理できているだけではだめなのです。家の中のどこに行っても、モノがすっきり片付けられていることが脳と心にいい影響を与えます。ですから、階段や踊り場にモノが置かれていたら、家族で話し合って整理することが必要です。とくに家の中で一番大切な場所である玄関がきれいに整理されていることが重要です（**写真4－2**）。

ちなみに、ひとり暮らしで家の中がモノであふれだした場合は既に、脳がなんらかの異常をきたしていると考えたほうがいいでしょう。モノを片づけることは、毎日必要なものと、当面は不要なモノとを分離することなので、そうした優先順位を考える思考力が落ちているということは、前頭葉が犯されつつあるのかもしれません。

近年、いわゆる〝ゴミ屋敷〟になってしまっている家が地域で増えているようですが、それはそこで暮らしている人がアルツハイマー型認知症に罹っていれば、既に悪臭にさえ気づいていない可能性があります。

写真4－2　家の中で一番大切な玄関がきれいに整理されていることが重要

「心」が澄む家づくり

前章に登場した一般社団法人日本建築医学協会は「環境が心をつくり、心が健康をつくる」という考え方に立ち、〝建築医学〟という新しい学識領域を確立しようとしている団体です。その目的は「住環境・職場環境を改善することで積極的に病気を予防すること」にあります。同協会でも、「病は家から、病は生活環境から」という考えのもと、特に「生活習慣病は住まいがつくっている」と警告しています。

同協会の松永修岳理事長は、こう述べています。

「現代は病気も犯罪もストレスが大きな引き金になっています。ストレスというのは環境や周囲の状況をどのように受け止めるかという〝心〟の問題です。ですから、住まいという環境、たとえば家族が集うリビングが心をリラックスさせる落ち着いた雰囲気になっている家であれば、家族の病気を防ぐことができます」

さらにこうも指摘します。

「気持ちのよい部屋の第一条件は、あまり色彩がきつくないことです。家具や壁の色が自分に語りかけてくる、自分を包みこんでくれるような色彩であることが必要です。それにはベージュ系や暖色系の壁紙にすること、ソファーは黄色っぽい明るい色のもの、テーブルは木質系で角が丸みを帯びたものにします。さらに、季節感を感じる部屋にすることで〝心地よさが〟生まれ、それがβエンドルフィンの分泌を促進し、老化を遅らせて病気になりにくくしてくれます」

家は、家族が互いに心を通わせる大切な「場」です。ですから、そこは常に優しさとか、暖かさとか、ぬくもりが感じられる空間でなければなりません。ところが、その家が寒々しかったり、1年中ジメジメしていたり暗かったりしたらどうでしょう。心を通わせるどころか互いにイライラして、言い争いになってしまうのではないでしょうか。住まいは家族が共に生活する場ですから、単に雨露しのげればいいというものではありません。家族に自然な会話が生まれ、よく語り合い、気持ちを交流し合えるようなインテリアが施され、程よい距離感が保てるような設計になっていなければ、本当の住まいとはいえないのです。

管理社会といわれる現代社会にあって、住まいは人の体を外界から物理的に守るだけではなく、人の心をも守る役割をもっているということです。

コラム

住まいは人なり

吉田兼好の『徒然草』第十段に〝住まいは人なり〟があります。

「家居のつきづきしく、あらまほしきこそ、仮の宿りとは思へど興あるものなれ。よき人の、のどやかに住みなしたる所は、差し入りたる月の色も、ひときはしみじみとみゆるぞかし。（中略）おほかたは、家居にこそ、ことざまは推し量らるれ」

現代語訳は「住まいというものは一時的な仮の宿かもしれないが、この家は住んでいる人には似つかわしくていいなあと思うことぐらい興味を引かれることはない。教養のある人が静かに住んでいるところは、差し込む月の光も一段と身にしみて美しく見える。（中略）住まいをみればおおよそ、その家のあるじのことなどが推察できる」となります。

家の前の道を行く人が見て、「ああ、この家はあるじの人柄を偲ばせるいい家だなあ」と思ったとすれば、その家は住んでいる人にとってもきっと気持ちのいい家だと思います。ということは、心地よさが生まれ、βエンドルフィンがたくさん出ていることでしょう。

第5章

ひとり暮らしは最も危険な因子

～高齢者単身世帯が急増～

高血圧などの生活習慣病とは別に、日本で認知症患者が急増しているもう一つの背景は、高齢者の単身世帯が増えていることです。日本はいまや、総人口の約5割が3大都市圏に居住しています。その大都市では〈核家族〉が常態化していますから、子どもは独立すると親の家（実家）を出ます。そうなると実家には年老いた両親だけが残されます。そして、いずれは夫婦のどちらかがなくなりますから、ひとり暮らしが始まります。しかも平均寿命が延びていますから、高齢者の単身世帯が増え続けます。そして、その〝ひとり暮らし〟こそが、認知症を誘発する最も危険な因子なのです。

老人には老人の役割がある

ところで人間の寿命は生殖能力が衰えたあとも続きます。その理由は「老人の知見・知性が子育てに果たす役割が大きいから」という説があります。そうであれば、老人が子育てに関与しにくい〝核家族社会〟は、子どもの健全な教育を阻んでいるといえないでしょうか。考えるまでもなく、両親の後ろに祖父・祖母がいて子育てをサポートできれば極めて合理的です。まして、現代は共稼ぎ夫婦が多い。母親でさえ子育てに専念できる時間が限られています。

最近の与野党の政策をみていると、「子どもは国の宝」とばかり、子どもの学費支援を大学まで拡大する動きが出てきています。そのこと自体は評価できますが、しかし教育の真の目的は子どもの自立です。そのためには、人生の先輩である老人の豊富な経験に基づく自立に向けたアドバイスが家庭という環境においても必要ではないでしょうか。親はたいてい自分のことで精一杯生きている最中ですから、子どもと向き合う時間があまりないのです。

福祉政策として一般世帯の家計に占める学費の負担が軽減され、教育機関の選択に自由度が広がるのなら、親だけではなく祖父母も加えたより広い視野から子どもの人生について考え、この世で生きていくための最低限の道筋は示したうえで、子どもがより高い教育や技能を望むのであれば、国外も含めどのような選択・道筋があるのかを助言できる家庭環境こそ望ましいはずです。国による経済的支援だけで、子育て環境が豊かになるわけではありません。

逆に、老人の大きな社会的役割が〝子育て〟であるとすれば、その機会を奪われた老人は生き甲斐を失ってしまいます。単身高齢者世帯を増やし、老人を孤独にし、家族とのコミュニケーション奪い、認知症になる可能性まで高めてしまう「核家族化」という社会システムはそろそろ見直さなければならないときでしょう。

単身高齢者世帯の増加が認知症を増やす

高齢者が都会などでひとり暮らしをしていると、人との交流や会話が減っていきます。それによる〝孤独感〟が認知症の発症と関係しているとの研究結果は数多く報告されています。たとえば、オランダのアムステルダム自由大学医療センターの3年間にわたる追跡調査によれば、ひとり暮らしグループの認知症発症率は、そうでないグループの1・7倍になりました。また、同じひとり暮らしでも「孤独を感じる」と回答したグループは、そうでないグループの2・4倍も認知症発症率が高かったのです。孤独感や不安感が認知症のおおもとにあることがわかってきたのです。

ですから、親がひとり暮らしをしている場合には、なるべく訪問回数を増やしたり、電話を定期的に掛けるなどして、孤独感を和らげることが認知症防止につながります。さらに言えば、ひとり立ちした子どもや結婚した子世帯が孫などを連れて遊びに来やすい間取りに家を改装することは、認知症予防のとても有効な方法となります。

認知症になりやすい病院暮らし

高齢者のひとり暮らしが認知症につながりやすい、もう一つの理由があります。それは、高齢者がひとり暮らしをしていると、家の中の片付けや、庭の手入れなどで何かと無理をしがちで、そのために転倒して、足の骨を折ったりすることがよくあります。高齢者の骨折は回復に時間がかかりますから、長期入院を余儀なくされます。すると、病室で寝ている状態が長くなり、また家族などとの会話も激減してしまうので認知症になりやすいのです。

日本の病院はなぜか壁の色が白いのですが、建築医学の専門家は白い壁に囲まれていると脳が委縮する可能性があると指摘しています。特に、ケガや病気で心が落ち込んでいるときにはその危険性が高まるようです。また、病院の壁は一般住宅に比べ面積が広いので、心や脳に与える影響が大きいのだそうです。ちなみに、「なぜ病院の壁は白いのか」ですが、一説によると、病院は神聖な場所という既成観念から白が選ばれているとのことです。医者や看護師の白衣も同様でしょう。

入院による認知症併発の恐ろしさは、『認知症をつくっているのはだれなのか』（SB新書）の著者である村瀬孝生・東田勉の両氏も指摘しています。村瀬氏は福岡県の特養ホームに8年間勤務したあと、1996年から「第2宅老所よりあい」の所長となり、2013年から「宅老所よりあい」の代表を務めています。

東田氏はフリーライター兼編集者で、全国の介護現場や介護家族を取材し、認知症の問題と深く関わるようになったとのことです。有意義な内容なので同書から引用させてもらいます。

東田「大きな病院に入院した後、老人保健施設などを経由して（自宅に）帰って来られればいいけれども、ちょっと家族に受け入れる力がなかったようなときに療養病床に回される。あるいは、精神科の病床に入院させられる。老健というのはたいがい経営母体が病院ですから、そことのたらい回しが始まる。とにかく在宅復帰できないお年寄りが転々として、長期の入院に至る訳ですね。いわゆる社会的入院といわれる、『受け入れる力がないから』という入院は、まさに認知症をつくりますね」

村瀬「つくりますね」

東田「あれで、何年経っても認知症にならない人というのはほんとにすごい人だと思います。普通の人だったら、ほとんどなってしまう」

同書は、長期入院や介護施設のたらい回しを避ける意味でも、高齢者のひとり暮らしはマイナスになることを指摘しています。どういうことかと言いますと、高齢者がほかの病気やケガで手術をした場合、本来なら治療が済んだらなるべく早く退院したほうが認知症になるリスクを避けられるわけですが、自宅にひとり暮らしの場合はそれが難しくなります。つまり、自宅には誰もいませんから、退院直後の高齢者を「受け入れる力」に欠けるわけです。しかし、病院も早く退院させたがりますから、結局は老健（介護老人保健施設）に行って、そこで特養（特別養護老人ホーム）が空くのを待つというのが一般的な対応になります。再び同書からの引用です。

東田　「（老健などを）たらい回しにすると、認知症が進んでいく可能性が高くなりますよね」

村瀬　「そうです。そうなればなるほど、家に帰れる可能性は少なくなります」

ちなみに、同書は数ある認知症関係の本の中でも異色を放っています。著者である東田氏は「介護の問題は突き詰めれば認知症の問題となり、認知症の問題は突き詰めれば薬害の問題となります。なぜ問題となるのかというと、かつて痴呆と呼ばれ『だいぶボケてきたね』で済まされていたお年寄りが、今では認知症という病名をつけられ、医療の対象となって薬物療法を施されているからです」と指摘しています。とても大きな問題提起だと思います。

一人の食事は味気ない

家族がそろって食卓を囲む幸せを日本の家庭が今や忘れかけているように思います。テーブルの上に家族の人数に合わせた食器が並び、暖かい料理から湯気が立ちのぼる光景こそ、家族の絆の原点ではないでしょうか。その幸せの象徴を奪っているのが、夫婦の共働きであるような気がしています。過酷な労働時間が社会問題となるような今の日本では、仮に夫だけが働いている場合でも残業時間が長くなるほど、夕食を家族がそろってとるのは難しい状況です。まして夫婦共働きともなれば、子どもは学校から帰っても親は居ず、用意された冷たい食事を一人で食べるしかありません。

高度経済成長時代に始まった核家族化は、その後も次々に分裂を繰り返し、血族的絆が分断され続けています。核家族は子どもの独立によって、夫婦のみの世帯になり、いずれは高齢者のひとり世帯を生むことになります。こうした流れを止めない限り、認知症予備軍が増え続けるというのが私の見解です。それだけでなく、現代の核家族化と、経済的豊かさを優先する共働き志向が子どもの孤食化を招き、子どもが人間の絆の原点を知らないで育つことが恐ろしいのです。日本の未来を暗くしているとさえ感じます。

もっとも、住宅価格が高い大都市では共稼ぎでなければ住宅ローンを返していくことができないという現実もあります。そういう意味では、都市における住宅価格がもう少し下がって、一般世帯がゆとりをもって住まいを購入できるようになることが望まれます。とにかく、家の中では家族が一緒の時間を少しでも多く過ごし、大いに語り合うことが望ましい「生活習慣」といえるでしょう。

これからの日本は、空き家・空き地が増えていきます。そこで提案ですが、空き家を借りたり、空き地を定期借地権（定借）で借りて家を建てることが一般化すれば、土地を所有するよりも安価に家を取得できます。つまり、家計にゆとりが生まれるので、子どもが一定の年齢になるまでは、夫婦の共働きを回避できる可能性も生まれるのではないでしょうか。

定期借地権で3世代家族を実現

住宅の取得にかかる費用を通常よりも抑えることができれば、ローン返済負担が軽くなるので、親子3世代が一緒に暮らせるような広い住宅を購入することができるかもしれません。そこで、北海道定期借地借家権推進協議会の齊藤正志氏は、次のような定期借地権での住宅取得を提案しています。

「定期借地権で空き地を借りて家を建てます。そのときに、空き家が建っている場合はその解体費が問題になります。そこで、空き地所有者、土地を借りて家を建てる人、解体事業者、自治体の4者で解体費を負担する制度を創ってはどうでしょうか。若い子育て世帯を呼び込みたいと考えている自治体であれば、十分に検討する価値のある制度になると思います。もちろん、空き家がまだ使用できるものであれば、土地を定借で借り、建物を50万円とか100万円とかの廉価で買い取り、数百万円かけて大規模リフォームをすれば1000万円程度でマイホームを手にすることができます」

日本社会を不幸にしている根本要因の一つに、戦後始まった〝核家族化〟の流れがあるわけですが、定期借地権で広い間取りの家を建てるとか、広い敷地を借りてそこに親と子世帯が別々の家を建て〝究極の近居〟をする住まい方が普及すれば、多少なりとも核家族化の流れを食い止めることができるでしょう。そうやって、一つ屋根の下にもしくは同じ敷地内に3世代家族が住むことができれば、核家族よりも何倍も多くの会話が生まれます。それは高齢者の認知症予防に間違いなく効果を発揮します。

3世代同居など〝大家族主義〟の復活は、もはや不可能という説が一般的です。しかし、繰り返しますが、核家族化と共働きの普及が進めば、親子がそろって食卓を囲む光景は今後一段と幻想化していくでしょう。〝孤食〟に慣れた子は家族の絆の大切さを忘れていきます。子どもにとって、家族と一緒にとった〝食の思い出〟は、もしかしたら大人になってからの〝職〟以上に、深い意味をもつことになるかもしれないのです。

一人よりもシェアハウスに住む

単身高齢者世帯を今以上に増やさないためには、もはや時代的役割を終えた核家族化の流れを止め、2世帯・3世代家族（もしくは近居）を増やしていく対策が求められます。しかし、これには時間がかかるでしょう。

そこでもう一つは、血縁ではない「疑似家族」で、高齢者のひとり暮らしをなくしていく方法です。たとえば、ひとり暮らしのお年寄りたちが自主的に一つ屋根の下に集まり、互いに協力、助け合いながら暮らしていく共生型の「グループリビング」です。これは、法律や特別の制度に基づいたものではなく、あくまでも自主的な居住形態です。

比較的大きな一戸建て住宅にひとり住まいをしている高齢者が、地域の高齢者に呼びかけて始まることもあります。あるいは、社会福祉関係のNPO法人などが空き家を探し、そのオーナーから借り上げて地域の高齢者に参加を呼び掛けるケースもあります。

もう一つは「多世代共生型」シェアハウスです（**写真5－1**）。シェアハウスは通常、単身若者向けの居住スタイルとして普及しつつあるものですが、最近はその発展形として、母子家庭向けや、若者と高齢者と母子家庭など多様な世帯が互いに助け合いながら暮らすことをコンセプトにしたシェアハウスも登場し始めました。

一般社団法人日本シェアハウス協会（山本久雄会長）も、このように高齢者がいろいろな世帯や世代と暮らすシェアハウスを推奨しています。認知症を予防するためには、まだ元気で自立しているうちに、そうしたシェアハウスに移り住み、いろいろな人と交流することが大切で、そうすることによっていつまでも脳を活性化させながら生きていくことができます。

シェアハウスで家族同様に暮らす人たちは、もちろん本物の家族ではありません。実はそこがポイントです。本物の家族であれば、少しもの忘れが出たり、おかしな言動が目立ち始めると、すぐに心配になり病院に連れて行こうとします。ところが病院に行っても認知症のことをよく知らない医者がまだまだ多いと聞きます。運悪く、そうした医者にかかると、適当な検査をした

写真5－1　多世代が互いに助け合いながら暮らすシェアハウス
（一般社団法人「日本シェアハウス協会」提供）

だけですぐに薬を出され、その副作用でかえって症状が悪化し、本当の認知症になってしまうこともあるようです。

しかし、シェアハウスの人たちは、昔の長屋つき合いの感覚で、「○○さん、ちょっとぼけ始めたかな」で済ましてしまうでしょう。軽いボケであればその過剰に反応しない対応こそが自然療法となって、なにもしなくてもいつのまにか改善することだってありえます。認知症という病気の難しいところです。

日本シェアハウス協会の山本会長はこう話します。

「一人で自宅に閉じこもるのではなく、多世代と交流し生活をしていれば、そう簡単には認知症になんかならないでしょう。しかも、多世代共生型シェアハウスは高齢者が母子家庭や別の高齢者のお世話をしたりすることもできますから、互いに助け合うことで生活に張りも生まれます」

人間は誰かの役に立っているという意識がとても大切なのです。

同協会は、一戸建てなどの空き家を改造してシェアハウスにする事例を豊富に抱えています。会員には法令上問題がない戸建て住宅の改修方法など適切なアドバイスをしています。国土交通省も、空き家をシェアハウスに改修する事業を積極的に支援しています。

単身世帯が全世帯の4割にもなる日本

日本社会はこれから、実は高齢者だけでなく、あらゆる世代で単身世帯が増加していきます。2015年時点で、すべての単身世帯は約1745万世帯となり全世帯の33％にも達しています。これが2025年には1887万世帯（全世帯の36％）、2030年には1895万世帯（同37％）と増加していきます（**図表5－1**）。

つまり日本は今後、2030年ごろにかけて、単身世帯が全世帯の4割弱へ、その単身世帯の約4割が高齢者単身世帯という異常な社会に向かっていくことになるのです。想像を絶する〝孤立社会〟といえるでしょう。そうした社会で少し

図表5－1　増える単身世帯

	15年	20年	25年	30年	35年
単身世帯数	1,745万	1,803万	1,887万	1,895万	1,833万
全世帯に占める比率	33%	34%	36%	37%	37%
単身高齢者世帯	601万	668万	701万	730万	762万
単身世帯に占める比率	34.4%	37.0%	37.1%	38.5%	41.6%
総世帯数	5,290万	5,305万	5,244万	5,123万	4,956万

でも潤いのあるコミュニティを保っていくためには、血縁に頼るだけではなく、地域住民同士という〝地縁〟を大切にしていくことも大切です。

広い一戸建てに住むひとり暮らしの高齢者が、自宅の空き部屋を安い家賃で若者に貸し、疑似家族的な共同生活を営む事例も増えてきました。ひとり暮らしを避けるためのアイデアはほかにもいろいろあると思います。とにかく、認知症を避けるためにはなんとしてでも、お年寄りのひとり暮らしを避けることが肝要です。

認知症にならない町は散歩が楽しい町

やむを得ずひとり暮らしをすることになっても、認知症を予防する方法はいくらでもあります。そのひとつが、散歩を欠かさない生活習慣です。そのためにも、高齢者が毎日でも、散歩したくなるような町に住むことはけっこう重要なポイントです。歩くことは、健康に暮らす、病気にならない、頭を常にクリアにしている、すべてに関わる基本運動になるからです。もちろん、ただ歩くだけではなく興味をそそられることが散歩道にいっぱいなければ脳を活性化する効果が弱くなってしまいます。できれば、立ち寄った先で世間話ができるような店があれば理想的です。

直木賞作家で散歩の名人といわれた常盤新平氏（故人）は、「昔ながらの心落ち着く喫茶店と、昼間から堂々と酒が飲める蕎麦屋と、床屋談義のできる床屋がないまちは、まちではない」と言いました。名言です。ひとり暮らしの高齢者が閉じこもりになるのを防止するためにも、散歩が楽しくなる町でなければなりません。

考えてみれば、団塊世代に象徴される〝会社型人間〟が、リタイアしたあとも地域との接点として唯一持っているのが地元の床屋さんではないでしょうか。昔ながらの魚屋、酒屋、八百屋さんなどが姿を消していくなか、床屋さんだけが比較的多く残っているのは、リタイア後も自宅近くの床屋だけには通い続けている高齢者が多いからだろうと思います。

2015年時点で、日本にはひとり暮らしをしている高齢者（65歳以上）が約600万人いますが、そのうち約190万人が男性です。トシ・ヤマサキまちづくり総合研究所代表の山崎敏氏はこう述べています。

「（かつて会社型人間だった）単身男性高齢者は、放っておくと引きこもりになり、アルコール依存から軽度の認知症を患ったり、栄養が不足したりして要介護予備軍となっている。高齢者が社会とつながるための『まちなかの仕掛け』と『住まい』が高齢社会における住宅政策の基本だ」（『2025年、高齢者が難民になる日』日本経済新聞出版社刊）。

コラム

楽しい散歩計画を立てる

常盤新平氏は一人の散歩を愛しました。それも、急に思い立って出掛けるのではなく、何日も前から「今度の週末は病院で定期診断を受ける日なので地下鉄で都心に出たら、ついでに銀座で馬券を買い、神田の古本屋めぐりをし、そのあとは馴染みの店で鯛茶漬けの昼飯を食べ、知り合いのマスターがいる喫茶店でひと休みをしよう」といった具合です。このような計画を立てるためには、普段から行きつけの店（拠点）が、幾つかなければなりません。

旅は計画を立てているときが一番楽しいといいますが、これからのリタイア世代は、少なくとも週に1〜2日は、新平氏のような小さな旅と、その計画を楽しむゆとりをもつべきではないでしょうか。そして大事なことは、それぞれの拠点でおしゃべりをすることです。「100円コーヒー」と「1000円床屋」ではそうはいきませんし、街に風情が生まれません。風情がない街は、散歩を誘わないのです。

常盤新平氏は2013年に81歳で亡くなりましたが、晩年は訪れる人も、自分から連絡すべき人も少なくなって、無聊を慰めている様子が晩年の著作から窺えます。小説家として直木賞を受賞したほどの人でも、高齢になり、仕事の量が減り、社会との接触が薄れていけば、徐々に気力も体力も衰えていきます。普通の人生を送ってきたサラリーマンが定年を迎え何もすることがなくなると、うつ病になりやすいという話にも納得がいきます。

第6章

認知症の代表的病名とその症状

認知症になるとどういう症状が現れるかがわかっていなければ、予防できているかどうかさえ判断できません。そこで代表的な認知症のタイプごとに、その症状をまとめてみました。認知症の症状には、大きく分けて「中核症状」と、「行動・心理症状」があります。

中核症状は、脳の細胞が壊れることによって直接引き起こされる症状のことです。記憶障害のほかにも、認識障害（現在地、人の顔、方向などについてわからなくなる）、実行機能（読み書き、計算など）の低下などです。一方の行動・心理症状というのは、不安・焦燥、うつ状態、幻覚・妄想、徘徊、興奮・暴力などの症状（ＢＰＳＤ）が生じることです。

■アルツハイマー型認知症

〝脳が消えていく〟と表現されるアルツハイマー病によって引き起こされる認知症で、認知症の６割以上がこのタイプとみられています。アルツハイマー病は、脳の神経細胞が委縮し、脳内がスカスカになってしまう病気といわれています。

委縮は新しい記憶を貯める海馬（かいば）から始まることが多く、進行すると委縮部位が、感情や意欲に係る前頭葉、聴覚・言語などに係わる側頭葉、運動機能をつかさどる頭頂葉などへ広がっていきます。発症原因はまだよくわかっていません。

初期段階の症状としては、たった今言ったことや、したことをすぐに忘れてしまいます。前頭葉と側頭葉が委縮し始めると、人格の急変や情緒障害が現れます（別名ピック病）。さらに頭頂葉が委縮すると、服を脱いだり着たりすることがうまくできなくなったり、水洗トイレで水を流さないまま出てきたりすることがあるようです。男女差では、アルツハイマー型は女性のほうが男性よりも1・5〜2倍ほど多いといわれています。

ちなみに、アルツハイマー型認知症になると、最初に嗅覚が衰えるといわれます。そこで、嗅覚の検査を認知症の早期発見に役立てている専門医もいます。症状としては、いい匂いは認識できるのですが、嫌な臭いが認識できなくなるようです。ですから、カビなどの嫌な臭いに気づかないまま暮らしてしまう心配があります。親がひとり暮らしをしていたら、そうしたことに注意を向けてみることも重要でしょう。

■脳血管性認知症

脳梗塞や、くも膜下出血などによって脳の血管が詰まったり、出血することで脳の細胞に酸素が送られなくなり、神経細胞が死んでしまうために発症する認知症です。アルツハイマー型に次いで、認知症原因では第2位となっています。男性のほうが女性よりも発症率が高いといわれます。症状がよくなったり、悪くなったりを繰り返すことがあるのも特徴で、現れる症状は障害を起こした脳の場所によってさまざまです。

昔は日本人の認知症患者の多くがこのタイプでしたが、日本人の長寿命化と、食べ物を含むライフスタイルの欧米化によってアルツハイマー型が第1位になったという説もあります。

■レビー小体型認知症

脳の神経細胞内にできる、レビー小体といわれる特殊なたんぱく質が出現し、後頭葉の血流が低下することが原因です。女性よりも男性の発症率が高く、初期段階では物忘れよりも、「知らない人が部屋にいる」などの幻視症状が出やすいといわれます。いないはずの人に向かって話し掛けたり、いないのに食卓の上の虫をつまもうとするなどの行動も見られます。幻覚が出ても、本人は困った風は見せず、家族が「どこにもいないじゃないか」と言っても、頑固に主張する特徴があるようです。また、睡眠中に大きな声で叫んだり、暴れたりすることもあります。浅い眠りのときに起こる「レム睡眠行動障害」と呼ばれる症状です。

膝の上に置いた手がぶるぶる震えるとか、小刻み歩行しかできなくなるなど、パーキンソン病の症状が多く見られることもあります。これは、パーキンソン病も、レビー小体が出現することによる病気だからです。

■前頭側頭葉型認知症（ピック病）

アルツハイマー型のところでも述べましたが、脳の前頭葉と側頭葉の萎縮が原因です。ピック球と呼ばれる小体が出現することが多いことから、ピック病と呼ばれることもあります。アルツハイマー型と違うこの病気の特徴は、前頭葉と側頭葉の両方が萎縮するところで、万引きなどの反社会的行動が現れます。その理由は、前頭葉は脳の中でも後（あと）から発達する部位で、理性で欲望を抑える働きをもっているところです。そこが障害を受けてしまいますので、欲しいものが目に入ると、抑制が効かなくなり、無銭飲食や万引きなどをしてしまうと考えられています。ですから、本人には悪いことをしているという意識はありません。

側頭葉は言語の理解に関わる部位なので、ピック病が進行すると言葉を発することができなくなることもあります。

以上が認知症の代表的4つのタイプですが、このほかにもさまざまなタイプの認知症があり、ひと口に認知症といっても、その症状が微妙に異なるため、認知症の専門医でも断定的に診断することは難しいのが現状です。

早く治療すれば治る認知症もある

認知症の中には早期発見をして早く治療すれば、治るタイプのものがあります。たとえば、脳腫瘍（のうしゅよう）や、脳脊髄液が頭に異常に溜まってしまう正常圧水頭症、頭を軽くぶつけたあと、しばらくたってから脳と硬膜の間に血液が溜まる慢性硬膜下血腫などが原因の認知症は、脳外科的処置で劇的によくなる場合があります。また、甲状腺ホルモン異常なら内科的治療でよくなります。

認知症を引き起こす最も多い病気（約60％）はアルツハイマー病ですが、これは早期に発見すれば、薬で進行を遅らせることができるケースもあります。今後の研究開発次第ですが、5年～10年以内にアルツハイマー病でも完全治癒が可能となる薬ができる可能性も指摘されています。

脳の血管が破れる脳血管性認知症も認知症を引き起こす原因の15％ぐらいを占

めますが、これも早期に発見すれば治療が可能です。認知症は一度発症したらもう治らないというイメージが一般に浸透していますが、それは間違いです。早期発見でさまざまな対応が可能となります。

では、認知症を早期発見できるのは誰でしょうか。本人でも家族でもなく、たまにしか会わない親類が異変に気づくというケースもあります。普段接していないからこそ変化に気づきやすいということもいえるし、第三者的な観測ができるからだともいわれます。ただ、親類はたまにしか会いませんから、やはり早期に発見するためには、毎日一緒に生活している家族が注意深く観察することが一番重要なことです。

認知症は発症後に進行を遅らせることができる薬としては、アリセプトなど多数の種類が開発されています。薬の副作用には気を付けなければなりませんが、早期に発見することができれば、その分だけ正常に生活できる年数が広がることになります。その間に、根本的な治療薬が開発されることを期待することができます。

認知症を早期発見できるのは本人と家族だけ

ここで、認知症の初期症状について述べておきます。認知症の中には早期に治療を開始すれば症状が改善し、完全に治るケースも最近報告されているからです。

認知症にかかると、たいてい本人が最初に気づきます。「なんか、ヘン」と感じ始めるようです。頭に軽い霧がかかったように感じることもあります。具体的兆候として最も多いのが「もの忘れ」（記憶障害）です。といっても、普通の「もの忘れ」ではありません。たとえば、昨夜食べた夕食のメニューをすぐに思い出せないのは普通の「もの忘れ」ですが、食事をしたこと自体を忘れてしまうというのが認知症による記憶障害です。

症状が進行すると、さっき食べたばかりの朝食も、食べたことを忘れてしまいます（短期記憶障害）。ちなみに、昨夜の夕食のメニューですが、家族にそのときの話を聞いても思い出せない場合には、認知症を疑ってみる必要があるようです。

認知症の最も一般的な兆候は〝もの忘れ〟ですが、記憶力だけでなく、聴覚・味覚・嗅覚などの衰えにも注意する必要があるといいます。たとえば、味覚に関していうと、母親がつくる味噌汁の味が変わったというようなときには、認知症の兆候ではないかと疑ってみる必要があるそうです。あるいは親が、「何を食べてもおいしくない」などと訴えることがあれば、要注意ということになるでしょう。

最初は、「なにか、ヘン」という思いを本人が抱きますが、そのときに自分から病院に行って診断を受けるという行動に移る人は皆無のようです。誰だって、自分が認知症になったとは思いたくありませんし、信じられないからです。

そこで、認知症の早期発見のために重要な役割を果たすのが家族です。家族としても、夫や妻、あるいは親が認知症になったのかなと疑うことは辛いことですが、それでも些細な変化に気付くことができるのは、毎日そばで見ている家族しかいません。認知症は早期発見がとても大切です。なぜなら、既に述べたように認知症の症状を起こす病気にはさまざまな種類がありますが、その中には早く治療すれば治る認知症もあるからです。また、認知症に似た症状で実は認知症ではないというケース（正常な老化によるもの忘れ、うつ病、せん妄など）もあるので、早期の正確な診断が大切になります。

早期発見に役立つ3世代同居

このように、認知症の早期発見のためには、家族が常にそばにいることが理想となります。安倍政権は2015年に新3本の矢として（1）GDP600兆円（2）子育て支援（3）介護離職ゼロを打ち出しました。その中で、子育て支援の一環として「3世代同居の推進」を掲げていました。2世帯住宅に3世代が一緒に住めば、やはり会話の機会が増え、お年寄りを見る目も増えますから、認知症の予防と早期発見につながります。

今、昔の大家族主義の復活を唱える人はほとんどいませんが、私は超高齢社会の住宅政策として3世代同居のような大家族を実現する世帯を支援する制度を設けるべきと考えています。政府は戦後、このような国民のライフスタイルに関わることを政策目標にしたことはありませんでしたが、忘れられつつある家族で支え合う発想こそ、これからの日本を支えるために必要ではないでしょうか。

時代的役割終えた〝核家族〟

もっとはっきり言えば〝核家族〟の時代的役割は既に終わりました。核家族は戦後の高度経済成長を背景に、地方から大都市への人口流入によって形成されました。都会に出た若者は結婚すると、そのまま夫婦と子どもたちだけで世帯を構え、地方の実家には戻りません。

この戦後の急速な核家族化が、家族の絆を弱めている背景にあることは間違いないでしょう。核家族は高度成長を支えたサラリーマン世帯で数多く出現しました。今はそれほどでもありませんが、地価高騰時代にはサラリーマンは都心から片道2時間もかかるような郊外にしか家を持つことができませんでした。そのため、父親が帰宅する時間は遅くなり、家族と接する時間が少なくなりました。休日は家族と顔を合わせるとしても、普段の会話がなければ、休日だからといって急に話が弾むわけではありません。

大都市圏でのこうした〝職住遠隔化〟が、日本の家族の結束を弱めてしまったのです。サラリーマン世帯では、子どもは父親の働く姿を見たことがありません。どんな仕事をして、どんな苦労をしているのか、父親が自ら率先して語らないかぎり、子どもにはわかりません。父親の実像を知らなければ、父親を尊敬することもありません。子どもから尊敬されていない父親が、自信をもって子どもを教育することができるでしょうか。子どもとの距離

写真6－1　“核家族”の時代的役割は終わった（イメージ）

は遠のくばかりです。

これからの超高齢社会を乗り切るには、親子の絆を復活させることが最も重要な施策となります。高度成長の終焉で時代的役割を終えた核家族に代わり、親子3世代で住む新・大家族主義の台頭こそ、必要なのではないでしょうか。

老人がいない家庭は家庭ではない

随筆家の山本夏彦氏（故人）は、「老人のいない家庭は、家庭ではない」という名言を残しました。親から子へ、あるいは孫へと代々継承するものがなければ、そこは家でも家庭でもなく、人の世でさえもないと言いました。昔のことを語って聞かせる老人がいなければ、子どもは昔を知らないまま育ちます。昔を知らなければ、自分が生きている時代の意味もわかりません。生きている意味がわからない人間ばかりが増えれば、確かに人の世とはいえないでしょう。

核家族社会が続けば、子どもは結婚と同時に親元を離れ、別に世帯を構えます。

しかし、核家族ですから子どもが生まれても、その子に親として語っておくべき先祖から引き継がれた『我が家の歴史』も『教え』(家訓)もないのです。生まれた子どもが成長し、離れていくまでのわずかな期間を、親というより、あたかも友人のように生きていくだけの家族になってしまいます。少なくとも祖父母がいて孫に昔話を語る余裕をもつことができる〝3世代同居〟は、人間社会の基底をなすものだと思います。

核家族社会では老人の平均余命は伸びても、家族とのコミュニケーションが増えることはないでしょう。逆に寿命が伸びた分、絆が希薄化する恐れさえあります。老人が誇りをもって生きることができる場所の一つは、やはり子どもや孫と住む家庭です。

戦後、日本が驚くほどの急ピッチで経済復興を果たし、衣食住を豊かにし、医療制度を充実させ、その結果として手に入れた長寿社会ですが、それを本当に心豊かな社会にしていくための努力こそ、これからの日本人がなさなければならないことではないでしょうか。

コラム

命の本質を全うする

一般社団法人国家ビジョン研究会は２０１６年９月に、「人生の最終章を迎え、命の本質を全うするために」と題したシンポジウムを東京・信濃町にある慶應義塾大学医学部東校舎講堂で開きました。そのときのテーマは、

（１）なぜ高齢者施設では寝たきり老人が多いのか
（２）なぜ健康寿命の長い長寿社会になれないのか
（３）なぜ在宅ではなく病院で死を迎えるのか

などとても重い内容でした。

パネルディスカッションに登場した４人のパネリストは、全員が医師でした。全人的（ヒューマニティ）医療の重要性、在宅医療とそれを支える地域包括ケアの実現性、健康長寿に欠かせない〝食〟などをテーマに議論が展開されました。現代医療が西洋医学中心から統合医学に向け大きく動き始めていることを伺わせる興味深いものでした。

最初に、同研究会代表理事の中西真彦氏は、こう述べました。

「我が国は今、世界に類を見ない超高齢化・少子社会に突入しようとしています。その中で最大の問題は医療・介護費用の増大でしょう。それを回避する一つの方法が自宅での治療・介護ですが、それを実現するためには、住まいがそうした機能を保有していなければなりません。これからの住まいづくりには、本格的な在宅医療時代を見越した視点が必要となります。さらに、住まいという環境の長い時間軸を考えれば、病気にならないためには、どのような住まいであるべきかを考えることがとても重要なのです」

第7章

脳科学から見た認知症予防策

高齢になると、認知症を発症しやすくなるのはなぜでしょうか。認知症全体の約6割を占めるといわれるアルツハイマー型認知症は、脳の中に特殊なたんぱく質（アミロイドβ）が蓄積し、そのために神経細胞がこわれていく病気ですが、アミロイドβがなぜ蓄積されるのか、その原因はわかっていません。ただ、多くの専門家の意見として共通しているのは「認知症は何かの原因で突然発症するものではなく、長年の生活習慣（その結果としての生活習慣病）に起因しているらしい」ということです。

認知症のもとになる生活習慣病

米カリフォルニア大学サンフランシスコ校の研究グループは2015年8月、アルツハイマー型認知症の発症には9つの生活習慣が関与している可能性があると発表しました。同グループは2011年にも、7つの生活習慣（喫煙、運動不足、低教育水準、高血圧、糖尿病、肥満、うつ病）を指摘しましたが、今回はさらに頸動脈疾患、ホモシステイン値の高さという2つの危険因子（生活習慣病）を追加しました。

ほかにも、アルツハイマー型認知症患者の多くがなんらかの生活習慣病を併発しているという報告は数多くなされています。東京医科大学高齢診療科が2005年から2006年にかけて行った調査でも、アルツハイマー型認知症患者113人のうち、併発していた割合は高血圧症が42％、糖尿病が19％、脂質異常症（高脂血症）にいたっては48％にもなっていました。

このように認知症の発症と生活習慣病が密接な関係にあることは間違いなさそうです。たとえば、京浜病院院長の熊谷頼佳氏は、〝脳内糖尿病〟という仮説を立てることで、糖尿病と認知症が深い関係にあることを証明しようとしている認知症の専門医です。著書も多いので、詳細を知りたい場合はそれらの専門書をお勧めします。

もちろん、一般的な生習慣病と認知症がどのように関わっているのかまでは、まだはっきりとはわかっていません。しかし、熊谷氏はその著書『認知症はなっても○、防げば◎』（ビタミン文庫）の中で、「生活習慣病にならないように努めることが認知症の予防につながる。適度な運動や肥満の予防、禁煙、節酒の習慣を身につけましょう」とはっきり述べています。

高齢でも学習すれば脳細胞が増える

「脳細胞は成人してからは増えず、年齢とともに減少していく」というのが定説ですが、米国のソーク研究所やスウェーデンのサールグレンスカ大学の研究によると、人間の脳は成人になってからも学習することで、新生ニューロンの数が増加することが確認されています。つまり、老人になっても生涯学習を続けることで、記憶などの脳機能を維持していくことは可能だということです。

日本では今、高齢者が生涯学習をしながら最期まで生きがいをもって暮らすことができる〝日本版ＣＣＲＣ（Continuing Care Retirement Community）構想〟

の議論が盛んですが、高齢者の脳を活性化させるコミュニティができることは大変有意義なことです。

高齢者住宅におけるどのような取り組みが、認知症予防にどのような効果を発揮するかという研究・調査、データの構築が、今後重要になってくることは間違いありません。

〝長生き時代〟に潜むリスク

日本人の平均寿命は男性81・09歳、女性87・26歳（2017年）で、まさに「人生100年時代」を迎えようとしています。戦後間もないころまでは「人生50年」といわれていましたから、その延び方は驚異的です。しかし、単純に平均寿命が延びたことだけを喜ぶことはできません。長生きすればするほど、生活習慣病になるリスクが高まり、要介護状態になる確率も高くなるからです。つまり、長生き時代だからこそ、そうしたリスクを避ける努力が必要になります。「認知症は体の寿命に脳の寿命が追いついていないために起こる現象」という説もあります。

しかし、その反対に脳細胞が老化し始めるのは他のどの器官の細胞よりも遅いという指摘もありますから、真相はよくわかりません。我々は後者の説を信じて、いつまでも脳を働かせる努力をするしかありません。

一方、「健康寿命」というデータもあります。２０１６年調査で、男性は72・14歳、女性は74・79歳ですから、平均寿命との差は、男性が約９年、女性が約12年となります。大切なことはこの差を縮めていくことです（**図表7－1**）。

図表7－1　平均寿命と健康寿命の差

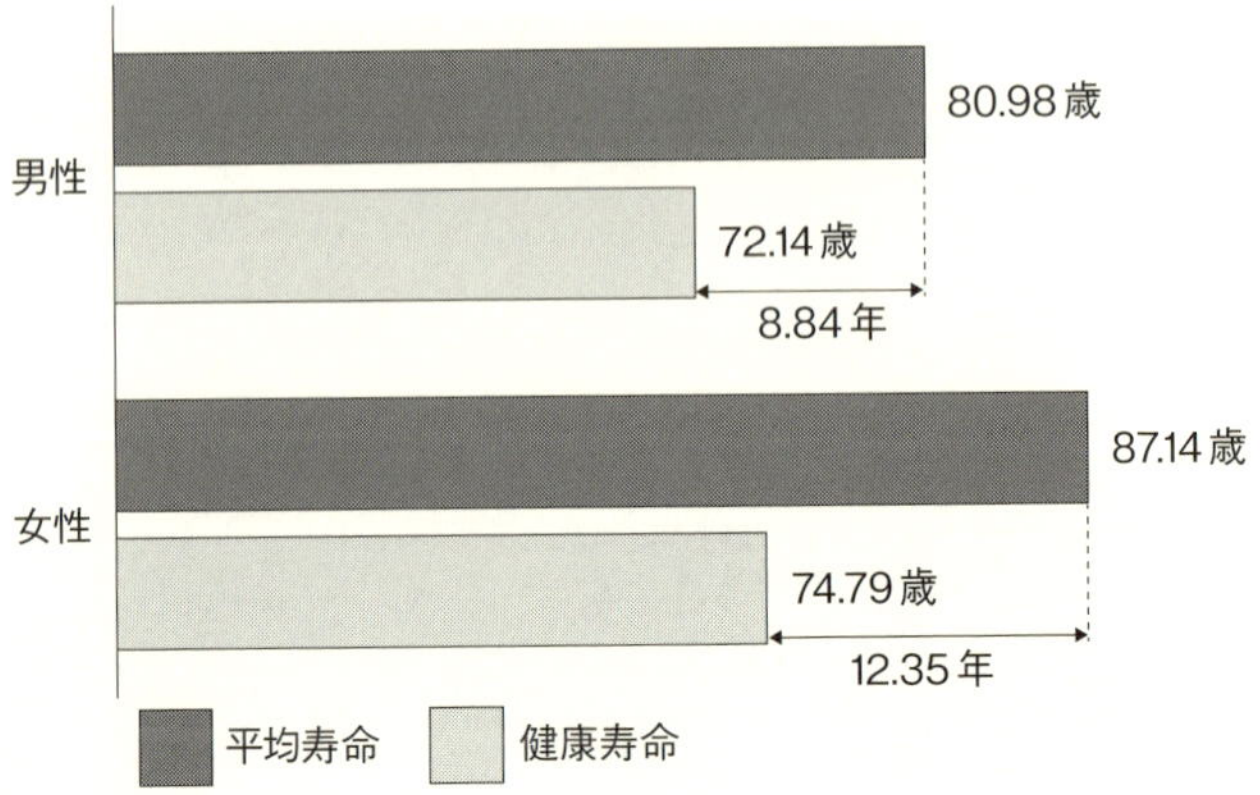

出典：厚生労働省「平成28年簡易生命表」より

厚生労働省が健康寿命を3年ごとに公表し始めたのは２０１０年からですが、健康寿命と平均寿命との差が小さくなればなるほど、高齢者が最期まで元気で暮らせることを意味します。その結果、医療や介護費用の削減にもつながります。増加を続ける認知症を予防することは、医療や介護費用を削減するためにも極めて重要なことといえるでしょう。

脳細胞を活性化させる生活習慣

生活習慣病を警戒するだけでなく、より積極的に脳細胞を適度に刺激し、日常的に脳を活性化させる生活習慣を身につけることは、認知症を予防するうえでかなり重要です。ですから常にモノを考える習慣のある人は、認知症になりにくいともいわれています。脳を活性化するためには、以下のようなことを心掛けるべきでしょう。

①好きな音楽を聴いたり、気の合った友だちと話したり笑ったりすると、脳に快適な刺激が伝わり、脳内物質の「ドーパミン」が大量に放出され、意欲的生活が送れます。

②仕事でもプライベートでも、毎日なるべく多くの人と接し、刺激的な時間をもつことが大切です。ただし、そのことが極度なストレスになる場合は控えなければなりません。仕事でどうしてもストレスがたまるときは、家族や友人と楽しく過ごせるプライベートな時間を意識的にもつようにすると、バランスの取れた精神状態が保てます。

③日記帳や手帳などを活用し、その日のスケジュール、1週間の目標などを明確に書きこんで、自分の行動管理を習慣づけると認知機能が高まります。特に、高齢になってひとり暮らしをしている場合は、毎日日記を付けるだけでも高い予防効果が期待できます。

④脳を活性化するには、なんといっても学習が効果的です。難しい勉強をするのではなく、好きな俳句や短歌、囲碁や将棋、ガーデンニングや菜園のため

の勉強など自分が楽しめるものを選ぶことがポイントです。できればサークルや仲間を作って互いにほめたり、ほめられたりすると「ドーパミン」がたくさん出て、脳を元気にすることができます。

大きい空間が脳を活性化する

脳が活性化するためには対話が必要です。

住まいは、家族の会話が弾むことだけに焦点を絞って、間取りやデザイン、庭造りなどを設計すべきといってもいいのではないでしょうか。その際の大きなポイントの一つが、リビングを中心になるべく大きな空間を作って、家の中を細かく区切らないということです。当たり前ですが、壁で区切れば区切るほど会話は少なくなります。吹き抜けをつくって、2階から1階のリビングが見降ろせる設計にするのも効果的です。大きなウッドデッキを設けて、そこに椅子とテーブルを置くことでも対話が生まれやすくなります。

建築家の左高啓三氏は、「家は平面ではなく立体的にとらえるべき」と主張しています。つまり専有面積よりも、部屋の体積が重要ということです。同氏が考案した「サタカシステム」というマンション向けの建築工法があります（国際特許取得済み）。同工法は建築業界でも、まだあまり知られていないユニークなもので、階層ごとに正梁と逆梁を組み合わせていく工法です。

逆梁工法自体はさほど珍しくありませんが、「サタカシステム」は床が逆梁、天井を正梁とすることで、通常では考えられない天井高を実現することができます。ですから、室内をスキップ構造にしても、天井からの圧迫感がありません。段差のあるスキップ床は、上り下りを日常的に繰り返すことで、住む人の脳を活性化し、高齢者の健康維持にも効果があるといわれています（**写真7－1**）。

また、天井高が高い家は陽が多く差し込むため脳を活性化します。ゆとりのあるロフトも可能になります。ロフトや床下空間は高さが1・4メートル以下であれば床面積の50%までは容積に算入されないので、経済的効用が高いと左高氏は言います。サタカ工法はこの余剰空間を全階層で床面積の25%まで確保することができるといいます。まだ、この工法によるマンション建設事例は少ないのですが、今後健康と住まいとの関係が注目されるようになれば、大いに普及し始める可能性があるでしょう。

もちろん、こうした考え方は一戸建て住宅にも当然応用可能です。最近はハウスメーカーも、天井高を高くしたり、スキップ構造の床を採用する商品が増えてきました。バリアフリーではなく、バリ

写真7−1　正梁と逆梁を組み合わせることで立体的空間づくりができる「サタカシステム」によるマンション室内

アがあることで住む人の脳が活性化するという常識が普及し始めたようです。ちなみに、左高氏によれば日本の分譲マンションは全床フラットが圧倒的ですが、欧米ではスキップ構造やメゾネットスタイル（一つの住戸で1階と2階がある形式）がかなり普及しているそうです（詳しくは左高啓三著「マンション空間革命 脳活住居®」２０１６年12月週刊住宅新聞社刊）。

医学界で進む2つの変革

ところで、これまで述べてきたように、「住まいと健康」、あるいは「住まいと心の関係」などに大きな関心が集まり始めた背景には、医学界にみられる二つの大きな流れがあります。その一つが「治療医学から予防医学へ」という流れです。

病気を予防するためには、その発病原因を突き止める必要がありますが、現代人がかかりやすい生活習慣病（成人病）の〝習慣〟を生み出しているものとして、〝住まい〟が影響しているのではないかという考え方が、予防医学を重視する日本の医者の間でも増えてきました。

米国ではもっと進んでいて、先にも述べたように身体の不調を訴えて病院に行くと、医者が「どこでどんな家にお住まいですか」と聞くのが常識となっているそうです。

日本人は持ち家を持つと、その家に生涯居住することが多いので、特に生活習慣の多くが「住宅」で形成されているのではないかということが容易に推察できます。生涯に何度も住み替える米国人以上に、日本人は住まいと生活習慣との関係に注意を向ける必要があります。

医学界におけるもう一つの流れは、「西洋医学中心から統合医学へ」という変革です。統合医学とは、患部に対する対症療法的な西洋医学だけに頼るのではなく、東洋医学、さらにはさまざまな代替療法をも融合させ、患者を人間的にトータルに捉えて、その人に合った最善の治療方法を考える医学のことです。病気を診るのではなく、病人を診るという考え方です。

病人の心の問題も含め、患者を全人格的に捉えなおそうとするこうした統合医学の台頭が、日本の医者に住宅や住環境に目を向けさせるきっかけにもなっています。どういうことか、説明しましょう。

今、米国の統合医学の最先端では、〝祈り〟が大きなテーマになっているそうです。医者や家族が、患者の病気が治ってほしいと心から願うと、その思い（祈り）が患者の心を癒し、本人の生命力や自然治癒力を高めることがわかってきたということです。つまり、家族の絆による心と心の交流が病を治す、あるいは病を予防する力をもっているということになります。そして、そうした家族の絆が育まれる舞台が住まいなのです。

もちろん、こうしたことはまだ十分な科学的エビデンス（証し）があるわけではありません。しかし、臨床的にはかなりの確率で米国で立証できているようです。これは、心の作用が健康や病気に大きく関わっているという日本建築医学協会の考え方とも重なります。そもそも、人の心については、まだまだわからないことが多いのです。しかし、わからないからといって、心が別の人の心にどのような影響を与えるのかといった問題を無視してしまうのも間違いではないでしょうか。

こうした心の問題をも対象とする統合医学への流れが、日本の医者に住環境への関心を持たせ始めた背景になっていることは確かなのです。

コラム

喫煙は認知症を誘発するか？

認知症は長い期間にわたる生活習慣にその発症要因があるといわれます。たとえば80歳で発症したとすれば、その原因は50歳、あるいは40歳ころからの生活習慣の積み重ねということが考えられます。もちろん喫煙もその有力因子の一つです。タバコを吸うと血液の中の赤血球が酸素を十分に体内に運ぶことができないため、脳が一時的に酸欠状態になるといいます。その酸欠状態が一種の快感をもたらし、習癖化しやすいようです。九州大学で1961年から続けられている「久山町」の住民を対象にした研究によれば、40代、50代になってもタバコを吸い続けている人は、タバコを吸わない人に比べて認知症になった人が2倍も多かったそうです。また、1日40本以上を吸うヘビースモーカーは、普通に吸う人より3倍認知症になりやすいというデータもあるそうです。

しかし当然ですが、タバコを何年吸い続けても認知症になるとは限りません。発症するときは、別の何かがスイッチの働きをするらしいのですが、その正体はわかっていません。何度も言うようですが、認知症発症のはっきりとしたメカニズムは〝わからない〟わけですから、予防法としてはなるべく若いうちから危ない因子は遠ざけるしかありません。

第8章

有料老人ホームに見る認知症防止策

効果的な「ロコモ防止体操」

ある老年医学の専門医は、「長生き3大病」として脳梗塞、認知症、ロコモティブシンドロームを挙げています。脳梗塞も認知症もロコモも生活習慣病と強い関係がありますが、あまり聞きなれない「ロコモティブシンドローム」とはなんでしょうか。

「ロコモ」とは、高齢化で骨や筋肉などが衰え、立つ、歩くなどの運動能力が低下していくことです。放置すると要介護や認知症につながるということで、今その予防方法に高い関心が集まっているのです。人間は誰でも老いるし、老いるにつれ病気にかかりやすくもなります。しかし、体操やジョギングなどで毎日身体を動かす習慣がある人は骨や筋肉が自然に鍛えられます。そこで、ロコモ防止の観点から専門家によって開発されたのが〝ロコモ体操〟です。

東急不動産会社グループが運営する介護付き有料老人ホームが東急田園都市線沿線にありますが、そこでは２０１５年10月から入居者を対象に「ロコモ防止」

体操を始めました（写真8－1）。平日の毎朝10時から約30分間、作業療法士の指導のもとに行われています。参加している人たちの評価はとても好評です。

また、具体的な効果（変化）としても、①体操を始めた人たちが従前よりも元気になった、②体操が終わると参加者の多くが、そのまま買い物に出掛けるなど意欲的な行動が増えている、③体操に参加するのは朝食を済ませてからというルールになっているため、それまでは朝食がないがしろだった人も、体操をするためにしっかり朝食をとるようになり生活にリズム感が出てきた――などの点が挙げられています。1日の始まりに体操を取り

写真8－1　骨や筋肉を鍛えるロコモ体操

入れることは、脳を活性化させるためにもとてもいいことのようです。

この「ロコモ防止体操」を指導している作業療法士にお話を伺いましたが、「たとえ高齢になっても運動した分の効果は必ず表れる」といいます。週に3日でも、2日でもしっかりと体を動かせば、筋肉量を維持することができるのだそうです。反対に、体力に自信がないといって体を動かさずにいると、人間の体はますます体力が落ち、骨や関節がどんどん悪くなってしまうということです。体操をすることで、そうした悪循環を断ち切り、プラスの連鎖を生むライフスタイルへ変化させていくことが大切なのだそうです。ロコモ体操はスポーツ健康科学の立場から考案されたものだけに、高齢者でも無理をすることなく、気持ちのいい汗をかくことができるので、今後は多くの高齢者施設でとり入れられていくことが予想されます。

ちなみに、ロコモにならないためには太り過ぎないことも重要です。体重が増えれば、膝の関節に過剰な負担がかかり、変形性膝関節症になりやすいからです。

歩くことがつらくなると、家に閉じこもりがちになりますから筋肉が衰え、ますます運動能力が低下してしまいます。そうするとますます体重ばかりが増え、メタボになるという悪循環におちいります。その結果運動をしなくなるということは、脳への刺激が少なくなるということですから、認知症を発症しやすくもなるのです。

睡眠と認知機能の研究始まる（住友林業）

住友林業グループの介護事業会社である株式会社スミリンフィルケアは、新しい試みとして、睡眠と認知機能に関する研究成果をとり入れた有料老人ホーム「グランフォレスト学芸大学」（東京都目黒区）を2017年にオープンしました。同社としては初めて木造工法を採用した老人ホームとなります。木質床材、木製建具を随所に使い、食堂は高級感のあるオーク材の木質フロアとなっています。

この老人ホームでは、入居者の心身の健康を向上させるため、「睡眠の質が向上する室内空間」を実現しています。快適な睡眠がとれるように、各居室は木の内装にし、照明によるブルーの光を吸収し、眠りにつきやすいようにしてあります。また、照明機器は30分前から徐々に照明が暗くなる「おやすみタイマー」と、徐々に明るくなる「お目覚めタイマー」がついています。入居者は自分の好みに合わせてタイマーをセットすることができます。住友林業筑波研究所の研究成果によれば、木が青色波長成分を多く吸収する特徴を活かすために、木を間接照明の反射板として利用することで、睡眠の質改善と疲労軽減効果が期待できるとしています。

次に、「認知機能の改善を意識した庭」がつくられているのが特長です。自然と触れ合うことで、過去の記憶を思い出し、手先を動作させることで、認知機能を改善することができます。高齢者がしっかりと睡眠をとり、生活リズムを整えることは、認知症予防の上からも大変大切だということです。

また、植栽の種類にも工夫をこらし、入居している人が居室から食堂、さらに庭へと〝動く機会〟を増やすように設計されているのです。

認知症予防には、適度な運動、良質な睡眠、ガーデニングなどによる五感への刺激が一定の効果を発揮するという科学的証拠やデータは既に数多く示されています。そのため、この「グランフォレスト学芸大学」でも、入居者が気軽に屋外に出て季節を感じ、緑に触れることができるように庭の設計に力を注いでいます。庭の名前は「花笑みの庭」といいます。「花笑み」とは、花が咲くという意味と、入居者の笑顔が花のように華やかになってほしいという願いが込められているそうです。

脳内は眠っている間に〝清掃〟される

認知症の予防に良質な睡眠が必要な理由について、医学的にはこう説明されています。アルツハイマー型認知症の原因とされているアミロイドβ（脳が活動することによって発生するゴミ）は、人が起きて活動している間に脳内に蓄積され、寝ている間に清掃され少なくなるそうです。ですから、良質（十分）な睡眠がとれないと脳内の清掃が行き届かず、ゴミが残ってしまうと考えられます。

もう一つは、記憶の基本的メカニズムですが、人間の記憶はまず日々の記憶が脳の海馬（かいば）に蓄えられます。海馬は脳の左右に位置していて、記憶の一時保管所といわれています。この海馬にいったん蓄えられた記憶が、寝ている間に記憶容量がより大きな大脳皮質に伝送され、長期的に保存される仕組みです。

ですから、しっかりした睡眠がとれないと、こうした記憶の伝送がうまくいかなくなって記憶障害が発生するようです。

〈サ高住〉でも認知症予防（東京建物）

大手ディベロッパーの東京建物は、〝自分らしく生きる〟をコンセプトにしたサービス付き高齢者向け住宅（サ高住）を積極的に開発しています。２０１６年秋には神奈川県内最大規模（総戸数１５８戸）のサ高住となる「グレイプス辻堂西海岸」を開設しました。同社はここを〝グレイプスシリーズの集大成〟と位置づけ、高齢者が生涯学習や地域の人たちとの交流などを通じて、最期まで自分らしく住み続けることができる〝日本版ＣＣＲＣ〟のモデルケースとなることを目指しています。

具体的な取り組みとしては、同物件の隣接地にある保育園の園児と一緒に行う園芸活動などが実施されています。また、すぐ近くには「松下政経塾」があるため、そこの塾生（政治家の卵）との交流など、高齢者の生涯学習につながる連携方法も検討されています。こうした若い世代との積極的交流が高齢者の脳に適度な刺激を与え、認知症予防になることが期待されています。

東京建物は、２００９年に開設したサ高住、「グレイプス浅草」（東京都台東区）を第1号とし、以来サ高住の開発に力を入れているディベロッパーです。現在は自社保有物件11棟、他社物件の運営管理を加えると15棟を運営しています（18年12月時点）。この間、２０１４年には介護事業会社の東京建物シニアライフサポートを設立し、入居者が〝自分らしく生きる〟をコンセプトにした本格的な介護事業に参入しています。

サ高住で暮らす高齢者の健康を維持するための取り組みとしては、医療機関との連携体制はもちろん、精神的に豊かでゆったりとした気持ちで日々を送ることができるようにいろいろな工夫をしています。その一つが「グレイプス辻堂西海岸」で実現させた隣にある保育園の園児との交流です。お年寄りは、子どもの顔を見たり、手に触れたりすることでとても心が安らぎ、気持ちが明るくなるといわれています。

効果的な園芸療法

また、もう一つの試みとして、同社が力を入れているのが「園芸療法」です。「グレイプスガーデン西新井大師」（東京都足立区）というサ高住では、「フラワーアクティビティ」という活動を展開中です。これは建物所有者でもある日比谷花壇が、大学などの研究機関と共同開発した園芸療法の一種です。フラワーアレンジメントや園芸作業を通して、体や精神機能の維持・回復を図ることができます。たとえ障害があっても、〝その人らしい〟生活ができるようになることを目指しています（**写真8－2**）。

植物が放つさまざまな香りが嗅覚を刺激し、脳を活性化するため、介護や認知症予防に効果があるといわれています。フラワー教室では会話も弾み、コミュニケーションが活発化すると好評で、入居者のおよそ3分の1が参加しているということです。今後はこうした

写真8－2　東京建物のサ高住「グレイプスガーデン西新井大師」（東京都足立区）で開かれているフラワー教室

高齢者住宅でのさまざまな取り組みが、認知症予防にどのぐらいの効果があるかといった追跡調査の成果が待たれます。

自分らしい人生を生きるために

我が国の住宅業界にはこれまで、このような研究成果を積極的に一般住宅や高齢者住宅にとり入れようとする気運はありませんでした。それが、ここにきて急速に盛り上がり始めた背景には、やはり超高齢社会が本格化してきたことと、認知症患者の急増があります。

寿命が延び、高齢者の健康に対するニーズが強まっていることは間違いないのですが、同時に、ただ健康ということだけでなく、「生きがいをもって暮らしたい」、「最期まで自分らしく生きたい」という気持ちが強くなっていることが重要です。その「最期まで自分らしく生きたい」という願いを砕く最大の敵が、認知症です。

脳の神経細胞が壊れてしまう認知症は症状が進むほど、自分のこと、周囲で起こっていることを正しく判断することができなくなります。さらに進行すると歩行もできなくなり、寝たきりとなってしまいます。これでは、とても〝自分らしい生き方〟とはいえません。

そこで、認知症にならないための知恵や暮らし方に関する知識、情報が求められ始めたのだと思います。そこで、次章では認知症になりやすいリタイア後の生活をどう暮らしたらいいかについて述べていきたいと思います。

コラム

人間らしい生き方

　わたしたちの意志と身体の異変（病気）や変化との乖離は、高齢になるほど多くなってきます。昨日までできていたことが今日はできなくなっているといった感じでしょうか。ただ、それはなんら悲しむことではないと私は思っています。それは、何らかの意図をもった宇宙の生命体が私という身体に宿ったあと、私の寿命が近づくに連れ、私の意志とは関係なく、独自に「この世での使命を終える準備態勢に入った」というイメージさえも抱かせます。

　たとえば人は死が近づくと自然に食べ物を欲しなくなりますが、それは人間の肉体を土に帰すことで、宇宙の生命体が別の人間に宿る準備を始めたのかもしれません。ですから、私という個体の寿命が尽きたとしても、私の身体に宿っていた魂は永遠に引き継がれていくと考えることもできます。そうした自然の摂理に逆らって、1日でも長く生きさせようと人工的に胃に穴をあけて栄養を流し込むような現代医学の行為（胃ろう）はおろかというべきでしょう。

人間の命はだれでも必ずいつかは絶えるのです。

「命」はただ延命すればいいというものではありません。大切なことは最期まで人間らしい意志をもった生活を送るということではないでしょうか。そのためには、認知症の発症にさえつながりかねない延命治療を拒否する国民的運動が必要になると思います。

第9章

認知症にならないリタイア後の生き方

認知症は長い間の生活習慣が原因といっても、現実に認知症のことが気に掛かり始めるのは、やはり定年を迎えたころからだと思います。そこで、この章ではリタイア後にどんな心構えでいることが認知症を防止するうえで大事なのか、現役を退いたあとはどのような暮らし方が望ましいかということについて考えてみたいと思います。

夫婦のあり方を見直す

リタイアしたサラリーマンは認知症の〝第一次予備軍〟といわれます。日本の男性は、現役時代は〝仕事人間〟というタイプが多いので、リタイアして急に仕事がなくなると、毎日何をしていいのかがわからなくなってしまう人が多いようです。よく使われる有名なジョークがあります。「彼らの問題は〝教育・教養〟がないことだ」と。つまり、「今日行く（キョウイク）ところがない、今日用（キョウヨウ）がない」というわけです。

行くところがないので、1日中家にいると運動不足になり、認知症の発症要因になります。また、夫が1日中家の中にいるようになったために、奥さんがうつ病になってしまうケースも実際増えているといわれます。奥さんがうつ病になる理由は、「夫が自分を無能な部下を見るような目で見るから」だそうですが、これも半分ジョークだと思うのですが、案外事実かもしれません。

いずれにしても夫婦が1日中、家の中で会話もなく、気まずい思いをしながら過ごすことは、どちらにとっても精神衛生上は決していいことではありません。そこで夫婦のあり方を見直すためにもリタイアを機に、思い切って新しい生活を始めるなどの工夫が必要ではないでしょうか。

これまでなかなか踏み切ることができなかった夫婦それぞれの趣味の部屋をつくってみるのもいいと思います。夫婦のどちらかに、ヨガや太極拳などの趣味があれば、使っていない部屋を思い切ってそのための道場に改造してしまうのはどうでしょう。ヨガや太極拳は〝気功〟の一種ともいわれていますから、脳細胞を活性化し、認知症予防になること間違いなしです。

最初は、夫か妻のどちらかが始めたとしても、そのうちに〝見様見真似〟で2人の共通の趣味になっていくかもしれません。何もやることがなく、毎日悶々としているとアルコール依存症やパチンコなどのギャンブル依存症に陥り、それがダメな自分に対するストレスになって、脳梗塞や脳出血の原因にもなるといいます。脳血管性認知症になるリスクを自ら招いてしまいます。これは本当の怖い話です。

会社型人間から、地域型人間に脱却しよう!

自宅の改装以外にも、脳をリフレッシュする手段はいろいろあります。たとえば、それまでの会社型人間から地域型人間になるという新しい発想をしてみてはどうでしょうか。

認知症になりやすいひとり暮らしというのも、見方を変えれば「気軽な身分」ということでもあるわけです。ですから、思い切って新しい生活に挑戦してみるチャンスでもあります。現に近年は、リタイアを機に都会を抜け出し、地方の田舎や離れ小島に移住する〝アクティブ・シニア〟が大勢います。

現役を退いたことで、ある意味動きやすくなったアクティブ・シニアの地方移住を促進しようと活動している団体があります。2014年4月に設立されたNPO法人ワープステイ推進協議会がそれです。〝ワープ〟という語は「再び戻ってくる」という意味で、最長5年間の〝お試し移住〟を提案しています。

具体的には、リタイアした高齢者が東京圏にあるマイホームを、5年間の定期借家権で子育て世帯などに賃貸し、その賃料という新たな収入源を確保しながら、お好みの地方に〝お試し移住〟しようというものです。もちろん気に入ればそのまま地方に定住してもいいわけですが、うまくいかなくても5年後には定期借家権契約が終了しますから、東京の自宅に戻ってくることができます。

つまり、5年後には戻ることもできるという〝保険〟を掛けることで、一定期間の移住を促すのが目的です。人口減少に悩む地方の自治体のなかには、このような提案（一時的な人口流入）を歓迎するところが近年増加しています。また、国土交通省が策定した新たな国土形成計画の重要コンセプトにもなっている『人口の対流による国土活性化』にもひと役買うことができます。

地方創生に貢献　～ワープステイという発想～

受け入れ側の地方都市からすると、5年後には当初やってきた人たちは帰っていってしまいますが、それと入れ替わりにまた新たに別のアクティブ・シニアがやってくるのであれば、むしろそのほうがありがたいともいえます。少しエゴイスティックな言い方ですが、シニアにそのまま定住されるよりも、地方の自治体にとっては、介護や医療保険費の負担が軽くて済むというメリットがあります。

5年後に都会に戻ったシニアはどうでしょうか。「たった5年で戻ってくるなら、田舎暮らしのママゴトをしただけ！」でしょうか。私はそうは思いません。わずか5年でも地方での生活体験は、都会生活の垢（あか）を落とし、新しい価値観を身につけて帰ってくるには十分だと思います。地方の人との出会いや交流が、それまでのサラリーマン人生では決して得ることができなかった刺激をもたらし、都会に戻ってからも、地域に貢献する〝地域型人間〟になる原動力になると思います。

NPO法人ワープステイ推進協議会の大川陸治理事長は「5年間は〝里山留学〟のようなもの」と表現しています。つまり、それまでの都会型人間から地域型人間になって戻ってくるための〝留学期間〟というわけです。地域に生きることの価値を見出して戻ってきたアクティブ・シニアは、都会生活に戻っても、しっかりとした生きがいを持って地域で生きていくことができるのではないでしょうか。

首都圏に住むシニアの約4割が、最寄りの駅前などへの移転を含む住み替えを希望しているというアンケート結果があります。そのうちの2割が地方への移住を検討しているといいます。大川陸治理事長はこう言います。

「定年で現役をリタイアしたものの、毎日何をしたらいいのかわからないアクティブ・シニアがたくさんいる。その人たちが第2の青春を求めて地方に移住すれば、その地方にとっては住民税が増えるし、飲食や介護などサービス業で雇用も生まれる。もちろん耕作放棄地などを活用して農業を支援することもできる」

同理事長は、そうしたアクティブ・シニアによる5年間だけの地方移住を、国民的社会運動に発展させるべきと主張しています。田舎暮らしであれ、なんであれ、新しい体験をすることは脳を活性化しますから、認知症予防の観点からもワープステイを国民的社会運動に広げる意義は大きいといえるでしょう。

写真9−1　自然豊かな地方都市での暮らしが見直しされている（神奈川県相模原市）

移住を誘うシェアハウス誕生

2015年8月、北海道千歳市に女性専用のシェアハウス「シェアハウス富岡」がオープンしました。女性専用ですが、年代としては若い女性からアクティブ・シニアまでさまざまな世代の人に、北海道に移住してもらうことを想定しています。キャッチフレーズは「新しい北の家族になりませんか！」。アクセスは千歳空港から札幌方面へ車で約15分、南面に「富丘4号公園」を擁した閑静な住宅地にあります。

新築で部屋数は6室。新築シェアハウスは（当時）道内初だということです。同じ敷地内の隣には入居者はもちろん、地域住民との交流も考えた『リビングダイニングふぅ庵』（離れ）があるのも魅力的です。シェアハウスは賃貸住宅ですから、気に入らなければいつでも退去できます。こうしたコンセプトをもったシェアハウスが今後日本の各地に誕生することが期待されます。そうなれば、〝ワープステイ〟方式で気軽に地方移住が体験できるからです。

また、今後は民泊を兼ねたシェアハウスも各地で誕生するでしょうから、そうした施設（住まい）を活用すれば、リタイア後の生活がグンと楽しくなりそうです。

若い世代と暮らす

最近はシニア世代に限らず、都会で働く若い世代でも地方への移住希望が増えています。こうした傾向は、シニア世代の地方移住と合流し、日本社会に新しい風（価値観）をもたらす原動力になる可能性があります。

総務省所管の「移住・交流情報ガーデン」が東京駅・八重洲口近くにあります（2015年3月オープン）。平日でも1日平均30～40人が相談に来るといいます。しかも、相談者の年代は30代から60代までほぼ均等に分散しているようです。相談員の方にお話を伺うと、「30～40代の人たちで地方への転職を希望する人が増えています。動機としては、農園やレストランを経営したいというような〝起業組〟ではなく、『子どもが生まれたので田舎で育てたい。ついては仕事が見つかるだろうか』といった相談が多い」ということでした。ここでは、地方移住に関するセミナーなども開かれます（**写真9－2**）。

移住・交流情報ガーデンに相談に来る若い世代の大半が「Iターン」だといいます。地方に実家などがあるUターン組は、努力すれば自分の力で仕事や住まいを探すことができるからだということです。

一方、地方の自治体も、近年は移住者誘致に力を注いでいます。若い世代の人口減少に悩む自治体は、なんとしてでも都会からの移住者を増やしたいという熱い思いがあり、自治体が仕事や住まいのあっせんに本腰を入れ

写真9－2 「移住・交流情報ガーデン」でのセミナー風景

始めたことも、若い人の移住検討者が増えている背景になっているようです。

話を聞いた相談員の次の言葉が印象に残っています。

「今の若い人たちは、『どこで暮らすか』よりも、『どんな暮らしがしたいのか』という意識が強くなっているようです。ですから、今起こっている田舎暮らしブームは決して一過性のものではないと思います」

都会での暮らしに疲れたから東京を飛び出すという消極的姿勢ではなく、人生を主体的に選択することに新たな価値を見い出す人たちが、年代に関係なく増え始めているということだと思います。若い世代もシニアも今は、新しい価値観を求めている時代なのです。

コラム

田舎に住んで東京に投資する

物価や住居費が安く、新鮮な食べ物が多いなど、暮らしやすい田舎に自分が住んで、過密で暮らしにくいが賃料は高い東京のマンションに投資して、人に住んでもらう――そんなライフスタイルがこれから流行るかもしれません。自分は、田舎で豊かな自然を楽しみながら、資産形成は多くの人間が犇（ひしめ）き、無機質な人工物の中で消耗し合っている都会人を利用する。ちょっとずるい感じがしなくもありませんが、将来が不透明な世の中にあって、賢明な生き方の一つといってもいいのではないでしょうか。

東京の物質的豊かさは、もう今の若い人たちにとって人生の目標ではなくなってきているともいえそうです。なぜなら彼・彼女らは、生まれたときからある程度豊かな環境で育ってきているからです。逆に、彼・彼女たちが手に入れていないものは、心がワクワクするような『生きがい・やりがい』ではないでしょうか。

東京のマンションに投資するための商品はさまざまなタイプが売り出されています。ワンルームの1戸買いもあれば、事業会社が複数のファミリータイプマンションで運用し、その収益を出資割合に応じて分配する不動産特定共同事業による投資商品もあります。もちろん、Jリート（日本版不動産投資信託）のように完全に金融商品化された不動産投資商品もあります。ただ、不動産投資はリスクも多いので、実際に投資するのであれば、プロで信頼できる不動産コンサルタントのアドバイスを受けることをお勧めします。

２０１５年10月に内閣府が発表した世論調査によれば、都会に住む人で「地方への移住を検討してもよい」と答えた人が約４割もありました。特に20代から40代まではその比率が５割を超えています。地方へ目を向ける人たちが増え始めている、こうした動きは今後ますます加速していく気がします。

第10章

働き方改革で変わる〝人生100年時代〟

自宅を〝第二の人生〟の仕事場に

地方移住はやはりハードルが高いという人には、住まいを〝第2の人生の仕事場〟に改造してしまう方法もあります。日本社会は今後現役世代（20〜64歳人口）が減少していきますので、国は高齢者の労働市場への参入を促進せざるを得ません。これからは、高齢者が現役時代の経験を生かした様々な働き方が出現すると思います。その場合、これまでのようにどこかに通勤するのではなく、インターネットを活用し、自宅を仕事の拠点にする人たちが多くなるはずです（**写真10－1**）。

日本は現在、「65歳以上」を高齢者としていますが、いずれはこれを70歳、あるいは75歳以上に変更しなければならない日が必ずやってきます。今のように65歳でサラリーマンが定年を迎え、年金受給者になる制度を今後も続けていけば、現役世代（20〜64歳）の負担が大きくなり過ぎて年金制度はもちろん、さまざまな社会保障制度がもたなくなるからです。日本経済がこれからも一定の活力を維持し、国の財政や各自治体が破たんしないためには、何としてでも財政支出を減らすと共に、高齢者の定義を最終的には「75歳以上」としなければならない日が必ずやってくるはずです。

ちなみに今は１人の高齢者（65歳以上）を２人の現役世代が支えていますが、２０３０年には１・７人で、２０４０年には１・３人で支えなければならなくなります。いわゆる〝肩車方式〟の到来です。しかし、これが現実的でないことは明白でしょう。

そこで、高齢者の定義を「75歳以上」に変更し、現役世代を20～74歳とすれば、２０４０年になっても、現役世代３人で１人

写真10－1　リタイアを機に自宅で仕事をする人が増えている

の高齢者を支える計算になります。もちろん、3人で1人でも決してラクではありません。なぜ、このような厳しい状況が続くのかといえば、日本は今後前期高齢者（65〜74歳）よりも、後期高齢者（75歳以上）の数のほうが急激に増加していくからです（**図表10－1**）。

そもそも、現在の男性の平均寿命は81歳（女性87歳）ですから、65歳で〝老人〟とするのは早過ぎるともいえます。しかし、現実には多くのサラリーマンが65歳になると会社を追い出され、為すすべもなく無為の日々を過ごしています。つまり、現代の高齢者は自身の体力と社会制度の狭間である種の戸惑いを感じているのではないでしょうか。それが精神的なストレスとなり、うつ病の発症要因にもなっていると思われます。

一方、将来のことになりますが、誰もが74歳まで働くことになるとすると、どういう働き方が考えられるでしょうか。今のように大学を出てから74歳までの50年以上を一つの企業で働く終身雇用制が残っているとはとても思えません。おそらく、今以上に〝能力主義〟が強まっているでしょうから、終身雇用は完全になくなり、定年制自体が消滅しているかもしれません。つまり、サラリーマンは、各企業のプロジェクトごとに短期（数年）契約で雇われるというのが普通になっている気がします。今の派遣社員のようなものでしょう。これからは、大企業に勤めるサラリーマンといえども、自分はどういう能力があるのかが厳しく問われる時代になると思います。そして、その働き方は極めて個性的なものになっていくでしょう。

74歳までが現役世代となり、年金支給開始年齢が75歳になるということは、個人の

図表10－1　高齢者人口の長期推移

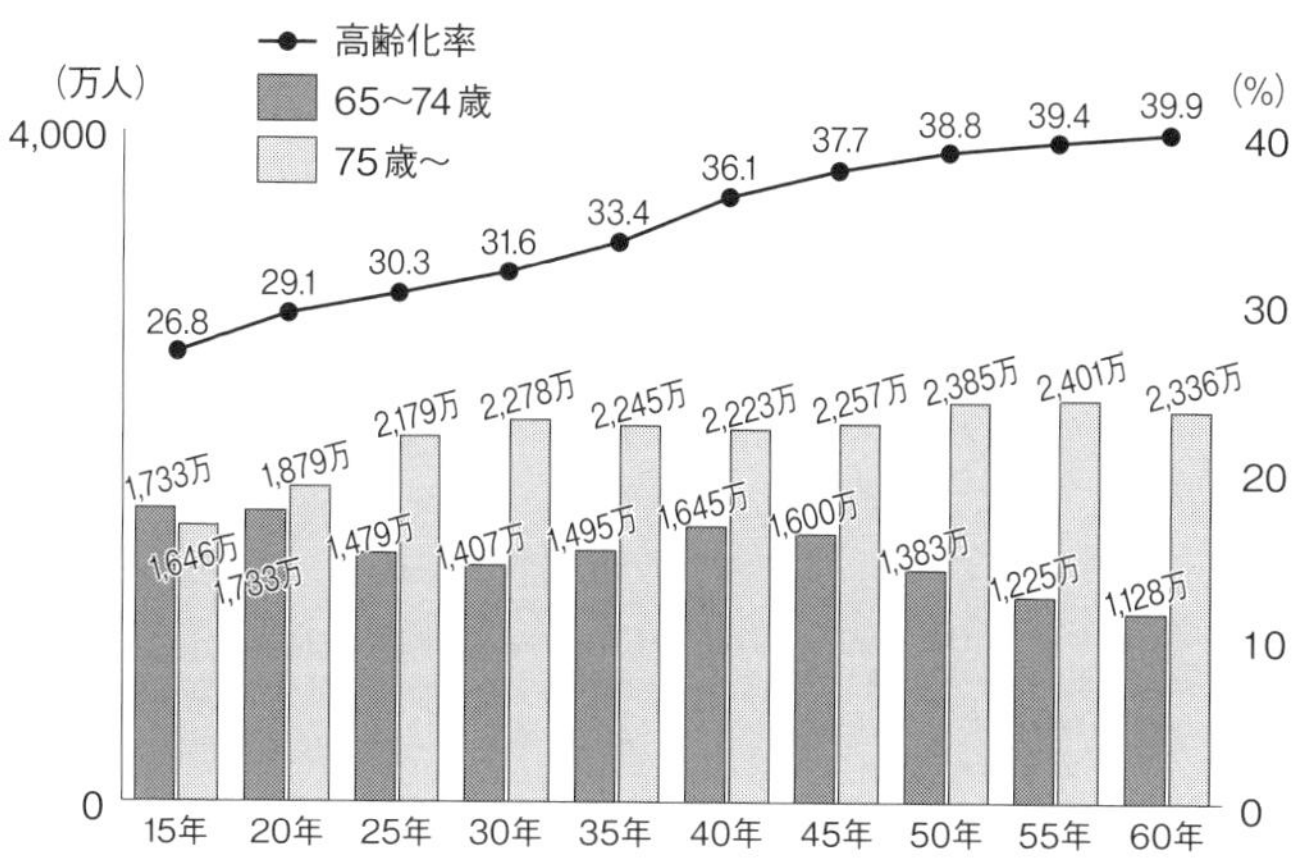

側からみれば、これまで以上に健康寿命を延ばし、働ける期間を長くしていかなければ生活が成り立たなくなります。認知症になどなっている〝ヒマ〟はありません。

脳を使えば生涯現役〜厚生労働省が報告〜

厚生労働省は2015年夏に、有識者会議による報告書「働き方の未来2035〜一人ひとりが輝くために〜」を発表しました。それによると、2035年には今以上に技術革新が進み、働くうえでの時間や空間の制約がなくなり、就業構造の大転換が起こると予測しています。これからは、個々人の働き方がバラエティに富んだものになっていきます。同報告書の末尾には、未来の働き方の事例がいくつか紹介されています。こんな具合です。

①【2016年：50歳　2035年：69歳、女性】

「50歳過ぎまでは近所の会社で経理を担当していました。でも、経理業務はどんどんAI（人工知能）に代替されていきました。15年ほど前に転職し、今は地域の病院に勤めながら心理学の勉強もして、カウンセラーの資格も取得しました。

かつてはこの病院は医師不足、看護師不足が悩みの種でしたが、今ではAI、3D（立体空間）やVR（仮想現実）を駆使したハイテクのチーム医療を提供していて、病院全体のワークライフバランスもずい分改善されました。私の仕事はAIを使った問診のお手伝いですが、病院に来た患者さんがリラックスできるように話をしながら、AIを操作して患者さんを診断します。

病院に来る患者さんは不安です。

「あら、○○さん、顔色よくなったじゃない」「大丈夫、きっとすぐ治りますよ」と声をかけるだけで、患者さんの気持ちの支えになります。病は気から。病院では患者さんを診断するだけでなく、励ますことはとても大切です。そしてそれは、人間にしかできない仕事です」

②【2016年：36歳　2035年：55歳、男性】

「自動車メーカーA社に勤めていました。自動運転技術が出始めたころ、職場の仲間数人で『自動運転の警備巡回マシン』をつくろうと盛り上がり、本業のかたわら開発に打ち込みました。製品化して会社を立ち上げましたが、収益化には時間がかかりそうだったので、週の半分はA社に勤務し（A社は社員の起業に協力的）、残りの半分で自分たちの会社を経営していました。

3年ほど経ったころからビジネスが軌道に乗り、A社を退職して自分たちの会社に専念しました。世界各地に赴き営業し、いまでは50カ国以上の警備会社に採用されています。そろそろ事業売却を検討しているのですが、実は私たちがもといたA社は売却先の候補の一つです。A社は社員の起業を積極的にサポートすると同時に、軌道に乗った事業を買収することで次々と新規事業分野を開拓しています」

③【2016年：61歳　2035年：80歳、男性】

「新卒で入社した会社の定年は65歳でしたが、人手不足で結局70歳まで働きました。といっても66歳からは自分で小さな会社を起業したので、それが副業となり、そこそこの収入を保っていました。退職金もあって老後の資金は何とかなりそうだったのですが、引退して悠々自適という気分にはなれず、71歳以降も働くことにしました。

といってもインターネットで受注したボランティアの仕事です。私の専門だった仕事はすっかりAIを搭載したロボットにとって代わられたのですが、文化保護団体が昔のやり方を保存したいということで、私に仕事が来ます。報酬はAIロボットが使う電気代ほどですが、昔からの仕事なので私にとってはやりがいがあります。

最近わかったことですが、AIの仕事と人手による仕事ではどうしても仕上がりに微妙な差があるようで、再び人間の仕事として見直されているそうで、私の技術がまだまだ役に立つ可能性が出てきたのです。昔の仲間で長生きしている連中に声をかけて、近くＮＰＯ法人を設立する予定です。収入がなくても社会に役立っていることが生きがいです。１００歳まで生涯現役で働きたいと願って、健康のため近所のプールで週に３日は泳いでいます」

◇　◇

ここに紹介した３人のケースは、たまたまラッキーだった要素があるかもしれません。しかし、大事なことは、生涯何らかの目的をもって頭を働かせることだと思います。そのために、小さな会社であれ、ボランティアであれ、仕事を続け、真剣に脳を働かせることが認知症予防の究極の策なのです。

仕事場になる「住まい」

家で仕事をする時間が増えるということは、「住まい」環境に配慮することが認知症予防にとって、ますます重要になるということです。従来もリタイア後は家での暮らしが中心でしたが、今後はそこで〝現役〟として仕事をしていくわけですから、住空間が仕事をしていくうえで欠かせない脳を活性化する条件を備えていなければなりません。脳を活性化させるためには、仕事の合間に気軽に運動できることが必要です。

第4章で、積水化学工業住宅カンパニー（セキスイハイム）の調査研究機関である住環境研究所が、「生涯健康脳住宅研究所」を開設したことを紹介しました。この研究所では、脳を活性化するための研究として、「睡眠」「運動」「コミュニケーション」「食事」という4つの機能に注目しています。同社では、これまでも自宅で気軽に運動ができる仕掛けとして、室内壁にボルダリング（クライミング）装置をつけるなどのリフォーム提案を行っています。同装置は難易度が選べるので子どもから高齢者までが楽しむことができるといいます。今後は、健康脳住宅研究所の研究成果を踏まえて、家の室内と室外（庭）を連携させた新たな運動提案もしていく計画です。

運動は認知症予防の基本

運動は、誰もが気軽にできる認知症予防策の代表です。運動が認知症の予防につながるという研究報告はとても多いのです。たとえば、ハワイの日系アメリカ人（2257人で年齢は70～90歳代）を対象に、6年間追跡調査した結果では、1日当たりの歩行距離が400メートル未満の人は、3・2キロメートル超の人たちよりも認知症発症リスクが2・2倍も高かったといいます。

そもそも、定年後に認知症になるケースが多いこと自体、それを証明しています。つまり、現役のときは営業などでいつも歩き回っていたのに、リタイアしてからは自宅に閉じこもって、ほとんど出歩かなくなりますから運動量が激減します。

『認知症は歩くだけで良くなる』の著者、長尾和宏医師は、足腰に自信がなくて外で歩くのが怖いという人には、家の中で歩くことを推奨しています。家の中は、車やバイク、自転車にひかれることはないので、歩くのに最も安全な場所というわけです。階段や床の段差があってもかまわず、なるべく家の中を歩き回るようにします。それだけでも、脳の血流が増えるので、認知症の予防につながるとしています。バリアフリーの家よりも、そうしたさまざまな段差に注意しながら歩くことは、「まさに頭を使いながら歩くことになる」（長尾医師）ので、ぼんやりして歩くよりも効果があると指摘しています。

ただ、そうはいっても、廊下や階段などにさまざまな荷物や雑誌の束などが散らかっている家ではまともに歩くことはできません。家の中が常にスッキリ整頓されている状況を保つことは、そうした意味でも重要なポイン

写真10−2　荷物など余計な物が置かれていない階段は歩きやすい

トになります（写真10－2）。また、家の中をつねに整理整頓すること自体が脳を働かせ、精神を落ち着かせることになるのです。

認知症にはさまざまな見方がある

認知症には、実はさまざまな見方があります。「認知症が脳の病気とは言いきれない」という介護関係者もいます。あるいは「認知症は延びた身体の寿命に、脳の寿命が追いついていないために起こる機能不全」という解釈もあります。それもこれも、認知症の全容が解明されていないことの証しです。ただ、認知症にならないためにはっきりしていることは、脳を常に活性化させることです。

そして、脳の活性化のためには、心をわくわくさせることが重要だということは多くの専門家が指摘していることです。心をわくわくさせるためには、何歳になっても「生きがい、やりがい」をもつことではないでしょうか。長寿とは単なる長生きではなく、楽しく、いきいきと生きてこそ意味があります。そのためにも健康維持が欠かせません。

人間は健康でありさえすれば、長生きすることは幸せだと考える人が多いと思います。しかし、それも人生に何らかの目的があればこそだと思います。人生の目的は「ただ健康で、長生きすることか」と問われたら、そうではないだろうという気がします。やはり、自分で納得がいく生き方、人生の目標を定めて、その実現のために最後まで努力し続けるところにこそ、人間としての喜びがあるのだと思います。そして、そうした生き方を貫く強い意志をもつことが、結果として健康寿命を延ばすことにつながるのではないでしょうか。

あとがき

認知症は「脳の病気」というのが一般的な解釈ですが、最先端医学でも脳についてはまだまだ解明されていない部分が多いのです。解明されていないということは、不安要素にもなりますが、同時にその神秘さゆえに、たとえ認知症になったとしても、改善の方法が見つかるのではという希望もあります。でも、やはり認知症にならないにこしたことはありません。

本書は認知症が生活習慣に起因しているという確かなエビデンス（証し）を踏まえ、「住まい」という生活習慣に着目して、認知症にならないための家はどうあるべきかについて語ってきました。日本では近年になってようやく、住宅と病気との関係について興味を示す医者が登場し始めたようですが、いままでそうした動きがなかったことは、考えてみるととても不思議なことではないでしょうか。

なぜなら、運動や食事が健康に大きな影響をもたらすことは、一般人にとって今や常識でもあるのに、人間にとって最も基本的な空間である住まい（生活習慣）については健康との関係がほとんど議論されてこなかったからです。

住まいは食事や運動（歩くことも含めて）と同じように、基本的な生活習慣となります。なぜなら、毎日最も長い時間、そこに身を置く空間（環境）だからです。

住まいと健康との関係は、これまではせいぜい、「シックハウス」や「ヒートショック」といった物理な面からしか議論されてきませんでした。しかし、病気になる大きな原因が精神面でのストレスであることは今や常識でしょう。住宅や住環境から、日々どのようなストレスを受けているのか、逆にストレスを解消できているのかが健康に影響を与えないはずがありません。欧米では、病気になって病院に行くと、医者はまず問診で「どこで、どんな家に住んでいるのか」を確認します。

住まいの基本的機能は雨風や暑さ寒さをしのぎ、安心して眠れる環境を確保することですが、そうした物理的な安心・安全性だけでは十分とはいえません。精神的にも心が癒され、安らいだ気持ちになれる空間でなければ、真の休息を取ることができないからです。さらに、そこで交わす家族との会話や食事などの時間が楽しいものでなければ、「本当の家」とはいえないでしょう。

近年は「食育」といって、子どもに食べることの意味や大切さを教える機会や場が増えているようですが、同時に「住育」も必要です。子どものころから、住宅が身体の健康や心に与える影響の大きさを知っていれば、大人になって自ら住まいを選択するとき、病気にならない家を選ぶことができます。また、将来親と同居するようになったときには、どのような家に住めば親が認知症になるのを防げるかがわかりますから、認知症患者の数を減らすことにもつながります。

「家」は当然ですが、家族と住んでこその「家」だと思います。本編でも述べましたが日本で認知症患者が増えている大きな背景に、高齢者の単身世帯が増えていることがあります。家は「家族のための場」と割り切るぐらいでちょうどいいのです。このことを原点に家づくりを進めれば「認知症にならない家＝百歳住宅」を誰もが実現することができるでしょう。

【参考文献・資料】

・西崎知之　『認知症はもう怖くない』　三五館
・熊谷頼佳　『認知症はなっても○、防げば◎』　ビタミン文庫
・長尾和宏　『認知症は歩くだけで良くなる』　山と渓谷社
・米山公啓　『認知症は予防できる』　ちくま新書
・浦上克哉　『認知症　よい対応　わるい対応』　日本評論社
・村瀬孝生・東田勉　『認知症をつくっているのは誰なのか』　SB 新書
・飯島裕一　『認知症を知る』　講談社現代新書
・浜六郎『認知症にさせられる』（幻冬舎新書）
・伊藤隼也『認知症予防のための簡単レッスン 20』文春新書
・小黒一正編著　『2025 年　高齢者が難民になる日』　日経プレミアシリーズ
・日本建築医学協会　『建築医学で建てた家に住む』　カーサプロジェクト
・認知症サポーター養成講座標準教材　『認知症を学び地域で支えよう』　NPO 法人地域ケア政策ネットワーク
・NPO 法人ワープステイ推進協議会　『地方創生はアクティブシニアのワープステイ＜里山留学＞から始まる！』　住宅新報社
・石浦章一著『老いない脳をつくる』（WAC 文庫）

●著者紹介

本多信博（ほんだ・のぶひろ）

住宅評論家・不動産専門紙住宅新報顧問。長崎県出身。早稲田大学商学部卒。住宅新報記者、同編集長、同論説主幹などを歴任。その間、30年以上にわたって住宅・不動産業界を取材。2018（平成30）年7月に住宅評論家として独立。

百歳住宅～認知症にならない暮らし方～

2019年 5月12日　初版発行

著　者　本　多　信　博

発行人　今　井　修

印　刷　ニシ工芸株式会社

発行所　プラチナ出版株式会社

〒160-0022　東京都中央区銀座1丁目13-1

ヒューリック銀座一丁目ビル7F

TEL 03-3561-0200　FAX 03-3562-8821

http://www.platinum-pub.co.jp

郵便振替　00170-6-767711（プラチナ出版株式会社）

落丁・乱丁はお取替え致します。

ISBN978-4-909357-39-7